与原材料加工及产品或服务产出有关的活动。[1]

在商法领域，营业是一个具有基础性地位的重要概念。其基础性地位体现在，无论是施行商法典的国家，还是没有商法典的国家，其商事实践中都不可避免地会触及营业这一概念，进行体现商事营业制度（包括形式意义上的商事营业制度和实质意义上的商事营业制度）。因此，有的学者认为，营业作为现代商法的一个核心概念，"虽然不像商人与商行为那样构成商法的基本概念，但从商法是企业关系法的角度来看，营业这一概念的重要性不在商人与商行为之下。除此之外，在商事实践中，营业与商人以及营业与商行为这两组概念也具有密不可分的关系。"[2]

通过以上分析，我们似乎可以得出这样一个结论，即营业作为现代各国商法的一个基础性概念，没有必要或者说很难为其下一个准确的定义。这就如同费因伯格(Feinberg)对"权利"概念的认识一样，给营业下一个"正规的定义"似乎也是没有必要的，因为在商法领域，"营业"一词太基础、太普通了，是一个"简单的、无须定义、不可分析的原初概念"。[3]

第二节 主观意义上的营业与客观意义上的营业

受日本学者的影响，[4]国内主流学者[5]较为一致地认可主客观相区分的二元模式：即主观意义上的营业和客观意义上的营业。

人们通常所理解的营业抑或用语所表达的营业，实际上都是指以盈利为目的的经营性活动，属于主观意义上的营业。如朱慈蕴教授所言，营业是一种超出个

---

[1] 余永定，张宇燕，郑秉文.西方经济学[M].北京：经济科学出版社，2002：65。
[2] 吴建斌著.现代日本商法研究[M].北京：人民出版社，2003：82。
[3] Joel Feinberg: "the Nature and Values of Rights", journal of value inquiry, 4(1970), pp.243－244.
[4] 《日本商法典》从主观和客观两个方面来使用营业的概念，如第5条所称的未成年人从事的"营业"，第19条、第20条、第21条、第23条、第37条与商号和商业使用人有关的"营业"概念，以及第502条所使用的"营业"概念等，均为主观意义上的营业；而第18条、第24条至第29条所规定的营业转让中使用的"营业"概念，则是将营业作为转让标的的营业组织或营业财产对待，又是从客观意义上的营业。
[5] 参见王艳华："以营业视角解释商法体系"，载《河北法学》2010年第5期，第113-115页。朱慈蕴："营业规制在商法中的地位"，载《清华法学》2008年第4期，第9页。王文胜："论营业转让的界定与规制"，载《法学家》2012年第2期，第103页。

别性的特殊商事生活。[1]这里所指的营业包含两个关键要素：其一，是以盈利为目的；其二，是反复不间断。德国学者认为，营业是一种身份性的行为，一种独立、有偿、不间断并且公开的行为，但需要排除艺术、科学和具有高度人身属性的自由职业[2]，比如写作。肖海军教授也认为，营业就是特定主体追求经营利润，将生产要素加以组合利用并向社会提供产品或服务的活动。[3]正如学者所言，主观意义上的营业必须符合以盈利为目的、从事营利性经营活动，而前者是隐藏于主体内心的主观期许，后者是公之于众的客观行为，前者为后者具体经营方案的确定指明方向，后者为前者的实现提供行为载体，二者相辅相成，互为呼应。此外，在阐述主观意义上的营业时，特别值得关注的是时空上的一致性，也有学者称之为"时间连续性、空间一致性"。[4]质言之，主观意义上的营业，本质上是一种主体从事的经营性行为，但此行为较之一般行为具有在时间和空间上的反复、多次重复的特点，此即为"时空上的一致性"。

那么，什么是客观意义上的营业，对此，学者的阐述则更为具体多样。有国内学者认为，客观意义上的营业是有机化了的、被组织的机能性财产。[5]台湾学者林咏荣则认为营业是财产的总和，包括一定场所和相当设施。[6]然而，在法国法上，营业并非一个固有概念，相反，它是一个在实践中形成的概念。[7]例如商人在实践中不得不依赖一些有形元素（包括动产和不动产）和无形元素（知识产权和顾客群），通过良心的经营和消费习惯的形成，这些元素的组合逐渐趋于稳定，便形成了所谓的营业。久而久之，商人们通过实践不难发现，将离散元素进行组合开发利用，价值会远远大于单个元素利用的物理总和，这也符合政治哲学中的规律，即整体价值一般高于个别价值之和。

因此，主观意义上的营业有别于客观意义上的营业。主观意义上的营业侧重于商人在客观上的经营活动，与此紧密联系的是权利能力和行为能力等主体制度。客观意义上的营业则更多的指向有形元素与无形元素的综合体，与之相关联的是

---

[1] 朱慈蕴.营业规制在商法中的地位[J].清华法学，2008（4）：9。
[2] [德]C·W·卡纳里斯.德国商法[M].杨继译.北京：法律出版社，2006：30-36。
[3] 肖海军.营业权论[M].北京：法律出版社，2007：24。
[4] 王艳华.以营业视角解释商法体系[J].河北法学，2010（5）：114。
[5] 王保树.商法总论[M].北京：清华大学出版社，2007：185。
[6] 林咏荣.商事法新诠[M].五南图书出版公司，1980：44。
[7] 许瑛.法国营业资产法律制度研究[D].上海：华东政法大学民商法专业博士论文，2012：6。

财产所有权与处置规则等相关制度。①借此，后文也以此为逻辑起点展开。

第三节 营业自由的宪法确认

一、营业自由的自然属性与社会属性

追逐利益是人之为人的自然属性，也是人类社会不断进化的内在动力。所谓人的本性，也就是通常所说的人性，包括天性、理性和德性。②人之本性的三个方面的内容是随着人类社会的不断进化而发展起来的。首先，人最基本的生存要件是生命不被任意剥夺，身心健康不被任意伤害，权利自由不被肆意侵犯。其次，人既是感性动物，但同时也具有理性思考。较之于一般生物，人具有出色的模仿和学习能力，能够自主的认识世界、顺应世界和改造世界。最后，人的德性对应了秩序社会，人的伦理认知（包括长幼尊卑、对错是非、宽容正义、平等友爱等）要求其生存环境必须是一个伦理与秩序相对稳定的社会。李步云先生说，人的这些本性，就是法律彰显人权保护意义之所在，同时也是人之权利存在与发展的内在根据。③

正如洛克所提到的那样，所有具有灵性的生物，其本性中必有一种是追求幸福的倾向。④人性自然也不例外，甚至可以说，人的趋利性源自人对安全、稳定、幸福的舒适生活的追求，尽管古今哲人和思想家对人性的观点尚有争论，但在这一点上的态度是基本一致的。正如荀子所言："若夫目好色，耳好声，口好味，心好利，是皆生于人之情性者也。"⑤韩非子则认为："人无毛羽，不衣则不犯寒，上不属天而下不着地，不食则不能活。是以不免于欲利之心。"⑥霍布斯在阐述人性的时候说到，如果两个人都想取得同一样物体，而恰好这样物体又不能二人同时享用时，彼此便会大打出手，撕毁或征服对方。⑦休谟则认为，在不对自私做任

---

① 李新天主编.商法总论.东北财经大学出版社，2007：165。
② 肖海军.营业权论[M].法律出版社，2007：60。
③ 李步云.论人权的本原.政法论坛，2004（2）。
④ [英]洛克：《人类理解论》，关文运译，商务印书馆1964：236。
⑤ 《荀子·性恶》，转引自王先谦注：《荀子集解》，中华书局，1988年版。
⑥ 《韩非子·解老》，转引自梁启雄注：《韩子浅解》，中华书局，1960：156。
⑦ [英]霍布斯：《利维坦》，黎思复、黎廷弼译，商务印书馆，1985：92-94。

何价值判断的前提下，自私就是人类固有的东西，与人性不可分离。①

因此，营业自由可被视为人的趋利性在营业经营语境下的集中体现。②质言之，营业自由是人之趋利性在财产等物质层面和社会地位等精神层面获得满足的内在需求。③由此可见，营业自由的存在，正是为了解决社会总体财富的有限性与人无穷的趋利性之间矛盾的有效工具，同时也是社会资源进行更有效率配置的客观保障。正因为如此，近代以来法律对营业及营业自由的确认，人类的无尽欲望才有可能在不断创造和激发财富的背景下持续获得满足。④

市场经济是商品经济放大的结果和高度发达的产物，主体平等与交易自由构成其最为本质的特征。在市场经济体制下，商品或服务的交换成为最基本的元素。市场主体在进行交换时，必须维持身份或资格的独立性以确保地位的平等性，唯有如此，市场经济才会朝着良性的方向发展，否则只能背道而驰。同时，主体平等与交易自由也被看作是市场经济的前提条件，⑤正如马克思所言"商品是天生的平等派和昔尼克派，每件商品时刻准备着用自己的肉体和灵魂进行交换，哪怕对方比马立托奈斯还要丑陋。"⑥

主体平等与交易自由的另一种表达即是契约自由。任何商品或服务的交换都是依靠契约得以完成的，无论是书面契约还是口头契约。与营业有关的所有关系中，最为基础和普遍的即是契约关系，包括投资者之间的投资契约、投资者与经营者的聘用契约、经营者与消费者之间的买卖契约，以及围绕上述契约展开的各种其他类型的契约。这里的营业自由（营业权）⑦着重强调的是一种经营者与消费

---

① [英]休谟：《人性论》（下），关文运译，商务印书馆1980年版，第625页。
② 在1904尤特·普吕施案中，因为案件中涉及的核心问题是两个存在竞争关系的生产厂家，而既有的反不正当竞争和民法典第826条的保护途径皆不可用，为了给不存在恶意竞争但因为竞争行为遭受损失的受害人提供充分的法律救济，帝国法院创造性地提出营业权概念将其纳入民法典第823条第1款的"其他权利"范畴。由此，德国法上的营业权，也被称为已成立且在运行中的营业权或经济性的人格权。参见朱晓峰："论德国法上的营业权规则及其对我国的启示"，载《政治与法律》2016年第6期，第20页。
③ 潘昀："作为宪法权利的营业自由"，载《浙江社会科学》2016年第7期，第57页。
④ 肖海军：《营业权论》[M]，法律出版社2007年版，第67页。
⑤ 钱宇丹、徐卫东："论我国中小企业的营业权制度"，载《当代法学》2014第4期，第77页。
⑥ [德]卡尔·马克思：《资本论》，中共中央编译局译，人民出版社1975年版，第103页。
⑦ 营业权本质上是一种框架性的权利，在契约关系中提供了一种进行利益衡量的基础。

者之间的买卖契约（也可能是其他类型的契约），以及将营业本身进行流转的转让契约。可以这样说，契约是将营业关系中所有参与主体紧密联系的桥梁和纽带，也是营业关系得以实现的基本方式。

二、营业自由的入宪

（一）营业自由的宪法表达

自中华民国以来，随着封建统治的瓦解和对生产力的逐渐松绑，关于营业自由以及营业权的规定就多次出现在宪法性文件之中。例如，1911年11月，《中华民国鄂州临时约法》第11章确认的"人民自由营业"。[①]1912年《中华民国临时约法》就确保人民的营业自由作出规定，[②]这是我国历史上宪法性文件首次对营业自由进行规定，并且将其重要性与财产并列。1914年，《中华民国约法》对《临时约法》进行重大调整及删减，但却对有关营业自由的规定加以确认和保留，足以见得营业对当时社会的重大意义。1929年，《中华民国训政时期约法》对上述规定加以完善，在确认人民可以自由选择职业以及享有营业之自由的同时，强调妨碍公共利益者应当受到法律之限制。[③]可见，自民国以来，中国虽饱受战乱，但却在发展经济的道路上对营业自由持一贯的肯定态度。新中国成立以后，这一局面发生改变。随着社会主义改造的持续进行与完成，营业被扣上了资本主义的帽子，被视为一种资产阶级剥削工人的手段，在此背景下，营业及营业自由的合法地位遭到长期忽视与刻意回避，这也在客观上导致当时的中国经济停滞不前。直到1978年，中央提出改革开放的发展战略，建立和完善社会主义市场经济体制，逐步将营业权下放到企业，但由于国家经济体制的偏离，立法与决策者并没有充分认识到营业的真正内涵，因此，这个时期的营业自由并未真正实现。新中国成

参见朱晓峰："论德国法上的营业权规则及其对我国的启示"，载《政治与法律》2016年第6期，第20-21页。

① 刘为勇："中国近代宪法中营业自由权研究"，载《江西社会科学》2014年第10期，第187页。

② 参见《中华民国临时约法》第二章第6条第3款规定："人民有保有财产及营业之自由。"

③ 参见《中华民国训政时期约法》第四章第37条规定："人民得自由选择职业及营业，但有妨害公共利益者，国家得以法律限制或禁止之。"

立以来，2004年宪法修正案首次对营业自由进行规定，例如：第11条规定"在法律规定范围内的个体经济、私营经济等非公有制经济，是社会主义市场经济的重要组成部分。国家保护个体经济、私营经济等非公有制经济的合法的权利和利益"，第16、17条规定国有企业和集体经济组织的自主营业权。根据此规定，国家对个体经济和私营经济等非公有制经济的营业活动及营业自由进行肯定，充分保障了个体经济和私营经济等投资者的基本权利。[①]因此，可以说，自2004年宪法修正案以来，营业自由的真正内涵及重要意义得到确认，其相关制度的构建与完善具有宪法基础。

（二）营业自由入宪的缘由

营业自由入宪，是由我国在特定时期的历史嬗变及文化传统决定的。从宪法性功能视角出发，将营业自由用具有最强法律效力的宪法性法律加以确认，是必要之举。

1.营业自由的本质与民生息息相关

所谓民生，主要是指民众的基本生存和生活状态，以及民众的基本发展机会、基本发展能力和基本权益保护的状况。针对经济发展领域而言，保障营业自由是解决民生问题的最佳途径，因为营业以及营业自由是国民创造财富的权利工具。就财富分配而言，营业是缓解或化解国民对财富追求的无限欲望与社会财富总量有限的矛盾的制度基础。只有充分的保障营业及营业自由，才能在动态利益分配机制中形成不同投资者、投资者与劳动者、经营者与消费者、个人与国家之间财富的合理与平衡。从保障国家综合国际竞争力而言，促进和维护营业自由也至关重要。客观上，国民的营业竞争力在很大程度上决定了国家的经济发展程度，进而影响国家在国际上的综合竞争力。诚然，科技与人才体现了国家竞争力的核心，但就制度基础而言，营造一个充分释放和激活国民投资潜力与投资热情的营业制度，也同等重要。

2.历史和国运的嬗变与营业自由的发展

一直以来，封建时期的小农经济对营业自由的漠视和肆意践踏是导致近现代

[①] 钱宇丹、徐卫东："论我国中小企业的营业权制度"，载《当代法学》2014第4期，第74页。

我国经济一蹶不振和科技落后的制度根源。民国以来，孙中山领导的资产阶级革命虽然对营业自由的重要性有所认识，但由于政府的腐败与软弱，加之长时期的战乱，手工业及小商品经济在我国一直处于萌芽时期，未取得应有的发展成果。新中国成立以后，本为营业的发展迎来千载难逢的机会，但遗憾的是，由极左意识形态影响的经济政策严重阻碍了营业的发展，因片面追求社会主义公有制经济而忽视了我国的基本国情，导致经济发展的停滞不前。直到改革开放以来，政府才扭转了以往偏离的经济政策，开始逐渐重视营业的重要性，并逐步建立和发展了市场经济。[①]由此，以个体户和私营企业为代表的民营经济获得合法的经营地位，逐渐形成了推动我国经济快速发展的真正动力。[②]

3.宪法对营业自由的宣誓价值

宪法作为国家的根本大法，具有最高的法律效力和宣誓价值，其所确认的权利、制度、原则对其他法律的制定实施具有总括性的制约作用。就营业自由而言，虽然属于民事权利的私权范畴，但其关涉到公民的基本发展机会与财富追求的权利，具有人权层面的普世价值。正因为如此，近代以来，大多数发达国家把营业权或者营业自由纳入宪法范畴，宣誓其基本价值的同时又以民商法、行政法等部门法对营业的相关制度进行规定，形成与营业有关的自上而下的法律体系。

第四节　营业与企业：一对互为区分的概念

"企业"一词最初源自英语中的"enterprire"，原意为甘愿承担风险，企图从事某项事业。日本用汉字将其意译为所谓的"企业"，并随后传入中国。[③]在法学

---

① 这种政府与市场的关系在迄今为止的经济体制改革整个过程中的态势变化，与我国商法的形成发展之间存在着实质性的联动关系。因此，阐释政府与市场关系的体制表现、变化趋势以及在社会经济过程中的实践效果，既可以加深我们对商法的存在环境、建构理念、结构体系、实施机制及其演变过程的理解，也可以帮助我们深刻审视现行商法的结构性缺陷以及寻找更为合理的商法建设方案。参见陈甦："商法机制中政府与市场的功能定位"，载《中国法学》2014年第5期，第43页。

② 参见"经济体制改革是全面深化改革的重点，核心问题是处理好政府和市场的关系"，《中共中央关于全面深化改革若干重大问题的决定》(2013年11月12日中共中央十八届三中全会通过)。

③ 参见《汉语外来语词典》，上海辞书出版社1984年版，第284页。

界，人们在认识和使用企业一词时，往往从主体的角度来把握。例如，有观点认为，企业是以营利为直接目的，通过一定数量的人和物的结合从事经营活动的组织。①还有观点认为，企业是连续不间断从事经营活动的社会组织，其具有形式上、目的上以及构成要素上的连贯性。②郑立教授则从劳动力与生产力转化的角度来界定企业的概念，他认为企业就是遵循一定的生产经营方式，通过劳动力的输出将生产资料转化为商品的过程，并从中获取经营利润的组织。③除此之外，在我国法规范层面，企业还是一个使用频率颇高的法律概念，例如，根据企业出资人的区别可将企业分为国有企业、集体企业以及私营企业。由此可见，无论是我国的商事实践层面还是立法规范层面，都习惯性地将"企业"一词来指代"经济组织和社会组织"，即所谓的"企业主体论"。

"企业主体论"的产生及发展除了受日本法的影响外，另一个重要原因是受苏联的企业法理论影响。苏联由于对马克思主义经济学的曲解和受国家所有权理论的影响，学者们普遍认为，一国之经济好比一个超大工厂，国家是工厂里面唯一的主导者和所有者，所有的产品或服务，从生产到销售的管理权限都集中在国家手里。而国家作为国有财产特别是某些重要财产的唯一所有者，其很难直接参与市场经营活动，因此，国家在保留对财产的控制权的前提下，创造了大量由自己掌控的企业并赋予它们法人人格，从而实现对这部分财产的经营管理。有观点甚至认为，④这些国有企业无论从实质上还是形式上都不是国有财产的所有者，国有企业只能行使占有、使用和收益的权能。这种思想和理论不仅被1964年《苏联民法典》所采纳，而且还影响到我国所有权理论的发展。我国"两权分离"理论（即所有权与经营权）曾盛极一时，⑤实质上就是苏联民法中经营管理权理论的变异与延续。在立法层面，则主要体现在《全民所有制工业企业法》第2条第2款之规定⑥。此外，国有企业除了代替国家行使经营管理的职能外，还被国家赋予了

---

① 王保树等著：《企业法论》，工人出版社1988年版，第3页。
② 赵旭东：《企业与公司法纵论》，法律出版社2003年版，第14页。
③ 郑立等主编：《企业法通论》，中国人民大学出版社1993年版，第9页。
④ 滕晓春："营业转让制度研究"，2008年中国政法大学民商法博士论文，第15页。
⑤ 钱宇丹、徐卫东："论我国中小企业的营业权制度"，载《当代法学》2014第4期，第75页。
⑥ 参见《全民所有制工业企业法》（2009年8月修订）第2条第2款规定，"企业的财产属于全民所有，国家依照所有权和经营权分离的原则授予企业经营管理。企业对国家授予其经营管理的财产享有占有、使用和依法处分的权利。"

第一章 营业转让中"营业"的词境与内涵

法人人格,这一举措的重要目的除了让国有企业实现自负盈亏外,还限定了国家作为企业财产所有人对企业债务的有限责任。在此之后,"企业"一词逐渐广泛应用开来,例如集体企业、私营企业、外资企业等。

受曲解的"企业主体论"的影响,我国关于商事主体的立法似乎一直在一条不归之路上前行。既存的法律规范并非按照企业的制度特点进行设计,而是遵循企业的出资或所属的行业而加以不同对待。例如按照企业的出资人的性质,分为全民所有制企业、集体所有制企业、私营企业以及外资企业等;或根据行业的不同划分为工业法、农业法、商业法、外贸企业法,等等。这样的局面一直持续至今,在同一个时期,既存在根据出资人性质不同的立法,也有按照行业属性的立法等多种"复合立法模式",这样的立法模式并未给商事实践带来良好的指引作用,反而造成了司法实践适用法律的混乱局面。同一个领域的法律适用,可以同时参照多部法律执行,但法律与法律之间又存在内容雷同、相互交叉甚至矛盾的现象,极其严重地破坏了法律的严肃性与稳定性。

尽管,"企业主体"理论的延伸及曲解一直备受学者们的质疑,但"企业主体"理论的本身并非一无是处。正如学者所指出的那样,我国"企业主体理论"的现状[①]并非商品经济社会的正常状态,而是计划经济体制的遗留产物。如果继续保持这样的企业发展状态,将会成为向市场经济进一步过渡的重要障碍。如国家作为国有企业的所有人或创办人,利用国有企业这种具有独立法律主体资格兼完整经营权的形式,达到规避或者一定程度上排除自己应对第三人承担的责任。几十年的计划经济体制下的实践经验证明,当企业不再真正拥有企业财产,既不能独立地承担其经营风险与责任,也不能按照企业程序形成及表达企业意思进行占有、使用和处分,企业的主体地位也就荡然无存。陷于如此状况的企业,从某种程度上而言,不过就是它的所有人任意支配的物,[②]国有企业实际上就是政府的附属物,这就为政府利用行政权力干预企业的正常经营创造了条件,最终导致企业的经营效率低下。

但抛开曲解与误读,"企业主体"理论无法解释的一个重要现象是:即企业

[①] 我国"企业主体"理论的现状并非意旨其理论本身,而是企业主体理论在我国的一种延伸状态,即我国按照出资人性质的不同将企业分为全民所有制企业、集体企业、个体企业以及外资企业。

[②] 汤媛媛:"公司营业转让法律问题研究",载《税务与经济》2015年第4期,第37-40页。

既可以成为主体参与具体的法律关系，又可以成为客体进行转让的事实。有的学者虽然敏锐地察觉到了企业可以一体转让的事实，但受制于"企业主体"理论的束缚和影响，不得不采取折中的态度，认为企业身兼主体和客体双重的属性。"企业具有法律上的双重性：一方面，作为一种社会组织，它是民商法视域下的法律主体，同时也是相应法律人格的载体，民事权利义务的具体享有者和承担者；另一方面，作为由物的要素和人的要素所构成的经济单位，它又是人们赖以进行生产经营活动的手段，是具有价值和使用价值的特殊商品，是可以转让、交换的综合性财产，因而也就成为民事行为和商事行为的客体。这是表现在企业身上的一种特有的法律现象。""企业面临的具体法律关系决定了企业是以主体或者客体的身份参与其中。对企业自身的行为及其享有的权利义务，企业构成其法律关系的主体，而相对于企业的投资者或企业的所有者而言，企业又是投资者的客体或交易的对象。"[①]

然而，似乎同一种客观存在既能作为法律关系的主体，又能成为法律关系的客体是史无前例的。事实上，这样的判断是值得商榷的。在婚姻家庭关系中，子女可以成为抚养法律关系的客体，但子女在此关系中成其为客体的事实并不影响其成为其他法律关系的主体，这是不相矛盾的。同理，企业在同一个法律关系中不能既是主体，又是客体，但在不同的法律关系中是完全可行的。值得注意的是，当企业成为客体进行转让的时候，其本质上与营业的转让是相互区别开来的。具体而言：（1）其行为的法律本质不同。企业的转让本质上是企业的并购，其行为涉及企业法人资格的消失与重构，而营业转让本质上是财产集合体的转让。（2）主体不同。企业转让的主体是企业的投资者，即企业的股东；而营业转让的主体则是企业本身。（3）主体资格的存续关系不同。企业转让本质上是企业合并，所以，无论是采取吸收合并还是新设合并的形式，都会涉及企业主体资格的注销与变更登记；而营业转让则不涉及主体资格的变化。

除此之外，在经济学上对"企业"一词的界定也是从主体角度进行阐述的，具体指一定的物力和人力相结合从事生产经营的计划性财产组织体。因此，无论从经济学层面还是法律层面，企业与营业都是一对互为区分的概念。本书在开始具体论述之前有必要进行澄清，以免二者混用和误解。

[①] 赵旭东.企业与公司法纵论，法律出版社，2003：15。

第五节　我国传统法上的营业表现形式

一个有趣的现象是，我国部分学者将法国商法中的"fonds de commerce"（其原本含义为商事营业资产）一词意译为"铺底"。[①]那么，铺底和营业之间具有什么样的关系，难道是同一物体的不同称谓吗？带着此问题，进一步翻阅资料发现，"铺底"这一概念是我国传统法上的固有概念。

据考证，铺底权制度是由习惯法演变而来的。一般而言，在房屋租赁关系中，承租人与出租人就房屋出租的价金与期限达成一致并形成契约关系，承租人使用房屋并定期向出租人交付房屋租金，直至期限届满。由于我国固有法上并没有规定租约续展权，所以根据交易自由原则，出租人并不具有继续出租房屋给承租人的强制义务。由此，给承租人带来的后果是，包括此前投入的装修、广告、机器设备搬迁产生的直接损失以及因为经营场所变更带来的客源流失等间接损失。显然，这样的后果对承租人而言是极其不公平的。因此，为了平衡承租人与出租人之间的利益关系，稳定承租人长期经营所形成的顾客资源，逐渐在商事实践中形成了一套以"铺底权"为中心的习惯法制度。所谓铺底权者，支付租金，从而永久地使用他人铺房之物权也。[②]铺底权设立的最大目的，即在维系铺底的存在，以保护铺东营业之长久。[③]而铺东如果没有铺底权，则铺地不定、迁徙无常会形成虽有租铺，但又无法安心经营的恶性循环。

铺底权何时产生已无法考证，但其在明清盛极一时，一直延续至新中国建国初期。据考证，凡水陆通商的繁盛街道，无论南北东西，皆有铺底之习惯，例如河北的北平、广东的广州、江西的南昌等。[④]铺底权的产生与发展目的主要在于维系商人的营业。铺东经过长年累月经营积累的顾客群不仅是铺东自己的财富，也带动了铺房的增值。为了保护营业，铺底权人还可以通过转让的方式转移营业，在这个过程中，铺底权随之转移，原铺东退出与房东的铺底权关系。除此之外，铺底权兴盛之时，也是国家财政税收的重要来源之一。[⑤]

[①] 沈达明编著.法国商法引论，对外经济贸易大学出版社，2001：46。
[②] 参见倪宝森著.铺底权要论，1942：5。
[③] 参见倪宝森著.铺底权要论，1942：3。
[④] 于凤瀛.老佃铺底为我国特有之物权.载《法学会杂志》第10期，法学会印行1923年版，第14页。转引自滕晓春："营业转让制度研究"，中国政法大学民商法博士论文，2008：18。
[⑤] 1923年，监督京师税务公署公布的《京师铺底转移税修正章程及铺底验照章程》规定，京师城乡内外铺底商号在转移铺底时，新业主须于铺底契约成立后的1个月内，会同房东到左

从上述的分析来看，铺底权是一项建立在铺底关系基础之上的、以维系铺东营业活动的一项权利。从逻辑上讲，铺底权的存在是以铺底为基础的，没有铺底，那么铺底权也就无从说起。所谓铺底，就是以铺房为中心的一系列有体物的集合，它与客观意义上的营业不同，[①]在本质上是两种事物。具体而言，铺底并不等同于营业。其原因在于：客观意义上的营业是以铺底为基础建立起来的包括各种经营设备、商号、雇员以及顾客群的集合体，相比较而言，铺底可以抛开其他的物独立存在。在法国，法律也对商事租赁关系中的承租人提供特别的保护，即租约续展权。其在目的与表现形式与我国固有法上的铺底权十分相似，但又具有本质的不同。其中，二者的目的及表现形式都是为承租人进行特别保护，且方式都是通过续展租赁期限来进行；比较而言，二者最大的区别则表现在，租约续展权是债权，而铺底权在本质上是物权。

综上，关于铺底权与营业的关系，有以下几点值得特别强调与关注：第一，铺底权（或铺底）与营业是一对密切关联的概念，但二者具有本质的不同；第二，铺底权的产生及发展在特定历史时期对我国的商业发挥起到了关键作用，但已不合时宜；第三，铺底权关系对现代商铺"转让费"的启发。

第六节 本书使用的营业

由上文可知，营业作为现代商法的一个基础性概念，其重要性虽然并不在商人或者商行为等概念之下，但由于各国商法普遍对营业缺乏明确的界定，加之汉语语言习惯的多义与反复，因此，对"营业"一词相应地具有了多重的表达含义。其中，一个突出的表现就是我国学者在翻译、介绍国外的有关营业的制度时，对营业概念的使用并不统一，主要表现为主观意义上的营业与客观意义上的营业的混用。除了直接使用营业、营业组织、营业财产等概念外，有的学者还将客观意义上的营业称为"商事企业"。[②]我国还有学者直接将法国法"fonds de commerce"

右翼税务公署铺底转移税处，呈验铺底字据并遵章报税，此为铺底税。

[①] 有学者认为，所谓的铺底实际上是指商人的店铺和商铺，或者说是商人的营业，更准确地说是客观意义上的营业，因此可以得出结论，商人的营业就是铺底，但铺底权只与承租他人场地进行经营的商人的营业有关。其实不然，笔者并不赞同此观点。参见滕晓春："营业转让制度研究"，2008年中国政法大学民商法博士论文，第18-19页。

[②] 参见樊涛、王延川著：《商法总论》，知识产权出版社2006年版，第288页。以及高

直接译为"铺底"，但事实上二者并非同一个概念。因此，这些概念的混用与互用，在客观上陡增了对营业转让制度进行学习和研究的困难。

笔者在着手本书写作之际，曾经试图将这些对营业的不同表述进行厘定，统一用一个概念进行表述，但遗憾的是，汉语语言的丰富性最终使这个目的很难实现。因此，为了论述和研究的方便，特别是在引用相关学者的观点时，本书在以下的行文当中也不得不交叉使用营业、主观营业、营业活动、客观营业、营业组织、营业财产、企业、商事企业、商事营业资产这些不同的概念。只是必须说明和强调的是，本书所研究的"营业转让"中的"营业"，是指客观意义上的营业，营业财产、商事营业资产这些概念与其具有相同的含义。

本章小结

"营业"一词在现代汉语中具有多重含义，可以在不同的情境中使用，例如营业活动、营业执照、营业租赁、营业抵押，等等。从词源意义上来看，营业一般被解释为"经营业务"[1]或者"特指(商业服务业、交通运输等)经营业务"。[2]在英美法中，与动词性营业对应的词汇为"do business or trade"，是指"特定主体从事的商业活动"[3]或者是指"从事买卖或生意上的工作"。[4]在商法领域，营业是一个非常重要的基础性的概念。营业作为现代商法的一个核心概念，"虽然不像商人与商行为那样构成商法的基本概念，但从商法是企业关系法的角度来看，营业这一概念的重要性不在商人与商行为之下。而且，营业实际上也和商人与商行为的概念具有密不可分的关系。"[5]

受日本法的影响，我国通说认为营业可分为主观意义上的营业与客观意义上的营业。主观意义上的营业有别于客观意义上的营业。主观意义上的营业侧重于商人在客观上的经营活动，与此紧密联系的是权利能力和行为能力等主体制度。客观意义上的营业则更多的指向有形元素与无形元素的综合体，与之相关联的是

在敏、王延川、程淑娟编著：《商法》，法律出版社2006年版，第84页。
[1] 新华词典编纂组编：《新华词典》，商务印书馆1989年版，第1075页。
[2] 中国社会科学院语言研究所编：《现代汉语词典》，商务印书馆2002年版，第1511页。
[3] 薛波主编：《元照英美法词典》，法律出版社2003年版，第431页。
[4] P.H.科林编著，陈庆柏、王景仙译：《英汉双解法律词典》，世界图书出版公司1998年版，第68页。
[5] 吴建斌著：《现代日本商法研究》，人民出版社2003年版，第82页。

财产所有权与处置规则等相关制度。①营业的上位概念是营业自由。在营业自由的逻辑基础上，主要包括以下三个方面的内容：自然基础、经济基础与法律基础。

"企业"一词起源于英美法系，经日本发展后传入我国。关于企业主体理论的曲解与误读，使我国与企业相关的法律制度一直处于畸形的发展状态之中。当企业成为客体进行转让的时候，其本质上与营业的转让是相互区别开来的。具体而言：（1）其行为的法律本质不同；（2）主体不同；（3）主体资格的存续关系不同。因此，企业与营业是一对互为区分的概念。

尽管，有学者将法国法中的"fonds de commerce"直接翻译为"铺底"，但营业与铺底并非一对可以画上等号的概念。关于铺底权与营业的关系，有以下几点值得特别强调与关注：第一，铺底权（或铺底）与营业是一对密切关联的概念，但二者具有本质的不同；第二，铺底权的产生及发展在特定历史时期对我国的商业发挥了关键作用，但已不合时宜；第三，铺底权关系对现代商铺"转让费"的启发。

综上，在本书的第一章最末再一次指出，本书所研究的营业转让中的"营业"，是指客观意义上的营业，营业财产、商事营业资产这些概念与其具有相同的含义。

---

① 李新天主编：《商法总论》，东北财经大学出版社2007年版，第165页。

第二章 营业之构成要素的辨析

在商事实践活动中，商人占有、使用与支配一定的营业财产，是商人与其他商事主体之间进行商事活动的物质基础，甚至一定财产的储备也是自身财力及信用的体现。与营业之构成要素相类似，企业作为民商事主体同样具备一定的财产储备，一般包括：企业的不动产及设备、商品、企业账户资金及有效债权、与企业营业活动相关的绝对权以及商誉等。[①]因此，从营业之构成要素的角度出发，商人实际支配的营业财产既有动产和不动产、也有有形财产和无形财产。特别值得注意的是，无形财产中种类繁多、表现各异，例如行政许可、租约权、商誉、顾客群，等等。故而，以上由商人实际占有支配的财产集合体，[②]便构成了这里所谓的客观意义上的营业。

第一节 营业之构成要素的类型化

一般而言，在法学理论中从不同的视角出发，即使是看待同一个问题也会得出不同的结论，尤其突出的表现在类型化的过程中。那么，在笔者对文献进行比较分析的基础上，对营业之构成要素的分类大致有三种。

第一种，为谢怀栻教授所主张的，其分类依据主要以传统民商法财产理论为

[①] 江平：《西方国家民商法概要》，法律出版社1984年版，第210页。
[②] 这里的财产集合体不同于我国物权法所规定的物。实际上，即使是德国民法典也从不排斥其他财产形态作为民事权利客体的存在，也从不介意参考物权保护方法进行规范法意义上的适用，其介意的只是将有体物以外的物纳入物权法调整体系，从而造成逻辑自洽性的彻底破坏。参见季境："互联网新型财产利益形态的法律建构——以流量确权规则的提出为视角"，载《法律科学》2016年第3期，第190页。

基础。具体而言，他将客观意义上的营业区分为营业财产和有价值的事实关系。营业财产则包括各种不动产、动产、债权债务等；有价值的事实关系则包括顾客群体、稳定的销售渠道、地理位置（人口流动量）以及商誉等。①

第二种，为法国学者所采用，其分类依据主要是根据构成要素在营业中体现的作用和可替代性进行。在法国法上，营业财产又被称为营业资产，由核心组成元素和其他组成元素构成。如果在营业活动中，吸引顾客群体的元素为固定的支撑元素，那么，在营业财产之构成元素的划分中，将被认为是核心组成元素。这样的判断标准，对实践影响巨大。例如，一个商人将某一单独财产转让给另一商事主体，倘若该转让客体构成营业财产的核心组成元素，那么这个商人将无法再进行相同类似的营业转让。②这就要求商主体在进行涉及财产元素转让的交易中，仔细审视其是否是营业财产的核心组成元素。通常情况下：核心组成元素就是指顾客群以及顾客群的决定元素；其他组成元素则包括：重要组成元素（租约权、行政许可等）、辨别性元素（商业、招牌、电话号码和其他远程通信技术模式、奖章以及证明等）、智慧创造物（专利、商标等知识产权）、有形组成元素（材料、工具、商品等）、与营业有关的合同。

这里需要特别指出的是，营业财产的概念在法国商法体系中并不包含不动产，所以在上述讨论中，并不涉及关于不动产在营业中发挥作用的场合的讨论。

第三种，是张民安教授所提倡的积极与消极要素分类法。他将营业之构成要素分为积极要素与消极要素两大阵营，所谓积极要素是指营业资产之必备要素，所谓消极要素是指营业资产中那些不具备的构成要素。在积极要素中，又可具体细分为有形要素与无形要素。③在这一点上，张民安教授的观点似乎与保尔·迪迪埃教授的观点不谋而合。④

上述三种分类中，第一种分类方法（即谢怀栻教授分类法）将营业分为营业财产和有价值的事实关系。很明显，这一观点是基于传统民法财产理论与事实关

---

① 谢怀栻：《外国民商法精要》，法律出版社2006年版，第257页。
② Cass. com., 3 mai 1992, n° 88-17.554; Revue juridique de jurisprudence de droit des affaires 1992, p. 463.
③ 张民安：《商法总则制度研究》，法律出版社2007年版，第321页。
④ 保尔·迪迪埃教授在《商法》一书中认为，"所谓的商业营业资产，客观上就是无形财产和有形财产结合在一起的整体物。"参见Paul Didier, Droit commereial, presses universitaires De France, p.361.

系的界分而产生,即使谢怀栻教授并不否认某一部分特殊的事实关系具有财产价值,但他也并没有将无形财产与有价值的事实关系联系起来。笔者认为,虽然很难有一个客观的标准将有价值的事实关系所对应的财产价值进行一个精确的衡量,但同时,我们也不能将不能衡量的价值等同于没有价值,这明显是违背市场规律的。一个简单的做法,就是将有价值的事实关系的客观价值让商主体自己确定,将其纳入商业风险的范畴。第二种分类办法,将营业分为核心组成要素与其他组成要素。这一分类方法的制度基础显然与我国现有的制度基础不符,但此分类方法给我们最大的启示在于,识别营业转让与普通财产转让的标准是什么,以及不动产在我国现存营业体系中的地位如何。第三种分类方法是张民安教授所坚持的分层次划分法。将营业之构成要素划分为积极构成要素与消极构成要素,进而将积极构成要素细分为有形要素与无形要素。笔者无比赞同张民安教授的这一划分体系,毫无疑问,这一分类方案也是目前最符合中国国情的做法。

第二节 有形要素

所谓有形要素,这是一个与有体物相对应的概念,具体是指那些消耗一定空间并能够为人所感知的,进而为人所占有、使用、控制和利用的物。通俗地讲,有形要素就是商人进行营业活动,客观上所必需的那些有体营业财产,包括机器、设备、土地、厂房、商品、原材料等等。从性质上讲,这些营业财产既包括动产,也包含了不动产,在组成结构上,这与法国的营业资产论明显区别开来,对于这种差异产生的原因,将在后文中继续探讨。

一、机器与设备

机器设备是由各种金属和非金属部件组装成的装置,其通过消耗能源,进行能量变换、信息处理以及产生有用功为人们所利用。它具有一定的稳定性,是商人从事营业活动的全部动产,也就是说,既包括价值巨大的生产线机械,也包括价值相对较小、容易更替的办公设备。[①]在商人的经营活动中,机器设备具有重要地位,往往在发挥商品生产作用的同时,还具有潜在的金融融资功能。例如,商

[①] 参见滕晓春:"营业转让制度研究",中国政法大学博士论文2008年,第23页。

品生产线往往耗资巨大，价值不菲，是商人商业信用的有力保证，甚至有时可以通过抵押担保的方式确保资金的流通。总之，机器设备在商人营业活动中的地位非常重要，它既是商品生产的物质基础，也是企业信用的重要保证，离开它们，企业的经营活动将严重受阻。

值得注意的是，作为营业之有形构成元素，商人或商主体应当具有机器设备的所有权，而非单一的使用权。这里着重列举两种情形：一种是融资租赁，另一种则是所有权保留。在这两种情形下，呈现出一个共同的特点，即商人虽然占有使用机器设备，但其仅仅具有机器设备的使用权，而非所有权，即便是在将来可能取得所有权。在这种情形下，机器设备具有权属上的错位性，因此，不能称其为营业的有形构成要素。

二、商品

所谓商品，就是商人或商主体以营利为目的出卖的所有物品。这里需要特别指出的是，营业活动中所提到的商品既包括动产也包含不动产，而非部分学者所坚持的——商品仅限于动产范畴。[①]一个简单的例证即是商品房买卖中，新建的房屋无疑是符合商品定义的，但是它却是属于不折不扣的不动产范畴。在商品生产及出卖环节中，人们常常区分制造商品和倒卖商品，以及原材料、半成品及成品。其实，从目的论的角度出发，做这样的区分并无实质意义，因为无论商品是否属于自己制造，无论商品的形态属于成品或非成品，它们都是商事营业的有形组成要素，它们的流通都是以营利为目的，因而商品又具有可变更性或者流动性。在商事营业活动中，由于商品处于一个不断流通变化的过程中，如果涉及营业的转让，商品的价值估算是一个绕不开的问题。当然，营业转让的出卖人也可以将全部或部分商品分离出来，留给自己或者转卖给他人。

在学界，有一种观点值得关注，那就是统一将机械设备和商品纳入物质资料的范畴，理由是：无论是机械设备还是商品，都是营业构成之有形动产，二者具有相同属性。[②]笔者认为，这种观点陷入对象认识错误的陷阱，尚存进一步商榷的

---

① 所谓商品，是指商人进行营业活动用来出卖的所有动产。参见滕晓春："营业转让制度研究"，中国政法大学博士论文2008年，第24页。
② 商事营业资产中的机械设备和商品分开是没有必要的。参见滕晓春："营业转让制度研究"，中国政法大学博士论文2008年，第24页。

余地。首先，如前所述，商品不但包括动产，还可能包含不动产，而机械设备属于动产范畴，从属性认识角度出发，商品的范围明显大于机械设备。其次，商品具有明显的流动性特征，这与机械设备的相对稳定性出入较大。[①]商品无时无刻不处于流动过程中，商品的流通频率越高，反映出企业的经营状况越好，但是机械设备则相反，它强调一个相对的稳定性，这也是确保商品品质的物质基础。

第三节　无形构成要素

所谓无形构成要素，是一个与无体物相对应的概念，是指那些不能为人感知，仅能够通过观念认识的要素。商人营业所包含的无形财产都属于无形构成要素，其表现方式多样，例如债权商业秘密、商号、商业招牌、专利、商标、顾客群以及其他有价值的事实关系等。

一、顾客群

作为无形构成要素，顾客群在营业之构成中发挥着举足轻重的作用。在法国商法中，顾客群是一种营业的核心组成元素，没有顾客群，就不能成其为营业。[②]从文义解释出发，顾客群区别于单个顾客，是一群具有相同特质的人的总称，[③]在法律上是一个抽象概念。事实上，顾客群可以被描述为习惯性地到某个企业采购商品，或依赖于某个企业服务的一群人的总称。[④]确切地讲，在法律上使用顾客群的概念，目的并非在于界定某一个人群是否属于顾客群，或者不同顾客群体之间的差异是什么，而是更为关注一种超价值的体现。[⑤]这种顾客群的超价值体现，并非意味着顾客群本身具有多大的价值，而是暗含了一种在未来缔结合同、完成交

---

① 乔治·黑拜赫、勒努·赫波劳：《商法论》，第441-442页。
② 许瑛："法国营业资产法律制度研究"，华东政法大学2012年博士毕业论文，第23页。
③ 在法国商法上，这种特质表现为这群人与某个执业者具有商事关系，这就构成商法顾客群概念，如果这个执业者律师或者医生等，这就是一个民事的顾客群概念。
④ A. Cohen, Traité théorique et pratique des fonds de commerce, 2 éditon, Sirey, 1984, n° 37, p. 24.
⑤ 营业的价值大大超过除去顾客群之外各项营业财产简单相加的总和，一个重要的原因是顾客群具有超价值属性。顾客群的超价值属性并非指顾客群本身的价值，而是对未来收益的一种期待和未来缔结合同的一种可能。

易的可能性，以及一种对未来获得收益的合理期待。然而，顾客群的形成及稳固又依赖于营业资产的组合利用。[①]因此，可以这么说，在法律上，顾客群是一个用来描述与经济有关的事实关系的术语，代表着在企业继续营业的情形下，未来的获利能力。[②]

一个值得关注的问题是，顾客群虽然在营业活动中十分重要，但它并不像商标、专利等知识产权那样具有排他性与垄断性。商人或商主体的顾客群的形成原因是十分复杂的，因而，造成顾客群的背离、解散、减少的原因也是多方面的，有可能是自己的商品或服务质量下降所致，也有可能与竞争对手服务质量提高有关系。

二、商号

我国现行法律未对商号进行规范定义，[③]然而，就学术定义层面，版本则较为多见。如王保树等先生认为，商号是商人在营业上表示自己的名称。[④]赵万一、雷兴虎等学者认为，商号是商事主体在营业活动中所使用的以表彰自己的独特法律地位的名称或名号。[⑤]梁上上、李国豪先生则认为，商号概念建基于商人概念之上，无论规模大小，只要其从事营利性活动并以此为业的组织或个人，都称其为商人，其名称则为商号。[⑥]除上述大陆学者外，台湾学者也对商号的定义给出答案，其中梁宇贤认为，商业名称即商号，乃商业主体于营业时，表彰自己营业上之活动的名称。[⑦]除此之外，德国、[⑧]日本[⑨]学者对商号的定义也有类似的表达。

[①] 法国最高法院的判例曾经对顾客群作如下表述：顾客群，从金钱角度来看，代表效益，这种效益源自权利人对另一群人提供服务，而这群人，处于各种原因，在事实上，附随于权利人的营业场所。参见 Cass. 1 civ., 7 mars 1956, Dalloz-Sirey 1956, jur. p. 523.
[②] J.-M. Mousseron et alii, Droit de la distribution, Litec, 1975, n° 396, p. 319.
[③] 就规范层面定义而言，只有晚清时期修订法律馆的《大清商律草案》第4章第16条规定，"本律称商号者，谓商人关于其商业在审判上或审判外所用与表彰自己之名称。"其立法理由是：阐明商号之本义，以维持商业上之秩序。
[④] 王保树主编：《中国商法》，人民法院出版社2010年版，第57页。
[⑤] 赵万一主编，雷兴虎、高晋康、阮赞林副主编：《商法》中国人民大学出版社2006年第2版，第61页。
[⑥] 梁上上、李国豪：《商号法律制度研究》，法律出版社2014年版，第38页。
[⑦] 梁宇贤：《商事法论》，中国人民大学出版社2003年版，第37页。
[⑧] C.W.卡纳里斯：《德国商法》，杨继译，法律出版社2006年版，第280页。
[⑨] 松波仁一郎：《日本商法论》，秦瑞玠、郑钊译，王铁雄点校，中国政法大学出版社2005年版，第36页。

第二章 营业之构成要素的辨析

综观前述关于商号的定义，各个版本的定义基本都符合"商号是商人的名称"这个最为基本的短句，不同之处仅仅在于不同学者对商人的称谓有所不同罢了。由此可见，在我国大陆地区及多数发达国家，"商号是商人的名称"的观点可以说已经达成基本共识。

强调商号定义的目的在于，商号不仅应当具有财产属性，还应当具有非财产属性。[①]在商事实践活动中，无论是自然人还是法人或其他组织作为商主体，都有权使用自己的商事名称对外从事活动。由于商号与商主体的营业活动密切联系，顾客对所购买的商品或接受的服务很大程度上是根据商号作出判断，因此，商号除了具有简单的区分功能外，还具有一定的财产属性。在实践中，商人也经常将商号转让、许可给他人使用。

值得特别注意的是，商号虽然是营业之无形构成要素，但是营业的转让并不必然意味着商号的转让，在这个过程当中，商号具有相对独立性。理论上，关于商号转让存在两种立法例。一种是绝对转让，即商号必须连同营业一起转让，不得单独转让，奉行这一立法例的国家有德国、瑞士、意大利、日本、韩国。与之相对，另一种是相对转让，商号可与营业相分离，进行分别转让，这一立法例为法国所采。我国 2012 年修订的《企业名称登记管理规定》第 23 条规定："企业名称可以随企业或者企业的一部分一并转让。企业名称只能转让给一户企业。企业名称转让后，转让方不得继续使用已转让的企业名称"。由此观之，我国采取了一种认可商号与营业相对独立的立法例。

依据我国现行公司法，如果商人是依法注册并成立的公司，那么它的名称必须表明其性质，如有限责任公司、股份有限公司。如果商人是自然人，在商事实践中，其商号名称大多会与家族名称或自己名字有关。此时，自然人的姓名不再是一种简单的称呼，它实际上已经构成了营业之构成要素，因此，他的名称具有民事与商事的二重性。倘若其名称随营业一起转让给受让人，但他并没有因此丧失作为姓名权客体的名字使用权及相关权利。不过，商号一经转让，他们就不得在商事领域使用自己的姓名，否则将会构成不正当竞争关系。

---

① 商号的非财产属性，也有学者称其为人格属性。参见梁上上、李国豪：《商号法律制度研究》，法律出版社 2014 年版，第 37 页。

三、商事招牌

商事招牌是指商人为使自己的营业活动富有个性，从而更容易为顾客所认识、记忆、传播的外部标记。商事招牌的表现形式多种多样，既可以从商人的姓氏、名字中截取部分，也可以选取容易表现产品或服务特点的词句来表现；既可以选取有特定意义的图案进行表达，也可以使用动物、建筑图形等。

商事招牌与商号类似，在性质上应当归入营业之无形构成要素。质言之，商事招牌具有一定的财产属性，在一定程度上，暗含了在未来缔结合同，促成交易完成的可能性。因此，商人可以转让、出租自己的商事招牌。但是商事招牌与注册商标不同，商事招牌未经过相关部门的认证备案，在保护程序上不如注册商标那么完备。但这并不等同于商事招牌不受我国法律的保护，一旦存在商事招牌被他人冒用或者模仿使用的情形，商人可以根据我国《反不正当竞争法》向人民法院起诉。[1]

四、工业产权

工业产权，是指人们依法对应用于商品生产和流通中的创造发明和显著标记等智力成果，在一定地区和期限内享有的专有权。[2]但是在营业财产的语境下，本书所指的工业产权仅指狭义上的工业产权，包括商标权、专利权以及商业秘密。其中，商标权需要得到商标管理部门的注册，专利权需要获得专利管理部门的申请通过，而商业秘密则不需要上述程序。但无论是商标权、专利权还是商业秘密，其权利人都具有在一定地域、一定时间排他使用的权利。学说中的有力说认为，工业产权是一种既包括身份权，又包括财产权的特殊权利，商人不仅可以占有、使用、收益归属自己的工业产权，还可以对外转让、许可他人使用自己的工业产权。现代社会中，随着科学技术和自主创新的卓越发展，工业产权已成为商事营业资产的重要组成成分。

---

[1] 参见1993年9月2日颁布的《反不正当竞争法》第5条、第23条之规定。
[2] 按照《保护工业产权巴黎公约》(Paris Convention for the Protection of Industrial Property)的规定，广义的工业产权包括发明、实用新型、外观设计、商标、服务标记、厂商名称、货源标记、原产地名称以及制止不正当竞争的权利。

五、不动产租赁权与铺底权的比较分析

在较为发达的现代城市，土地及其附着物已经成为相当重要的商业资源，尤其一些发达城市，核心商业地段房价寸土寸金已是一个不争的事实。在这样的现实状况下，为了减少商业成本以及商业风险，部分商人往往会选择通过承租的方式来获得厂房及营业场所的使用权，而非直接购买对应的不动产所有权。如此，通过租赁，不动产所有权人与不动产使用权人之间建立不动产租赁关系。作为不动产出租人，不动产所有权人通过让渡不动产之使用权而享有定期收取租金的债权；而不动产承租人，通过给付租金从而享有对特定不动产使用的权利。

从性质上论，商人的不动产租赁权属于债权范畴，与商人的其他债权在本质上并无二致。本书之所以将其单独列出讨论，原因在于针对藏匿于其后的租赁延展权争议颇大。

在法国等一些国家，不动产租赁权作为营业资产的构成要素，为了维护商人的合法权益、稳定商事营业关系，法律赋予承租人享有租赁延展权，[①]可以随着商事营业资产的转让而易主，构成了对不动产所有权的极大限制。熟知我国明清时代铺底权的学者，可能径直认为法国法上的不动产租赁权就是我国历史上一度出现的铺底权，这也是有学者将法国商事租赁权意译为铺底权的原因所在。诚然，铺底权与不动产租赁权同时作为商事营业之重要组成要素，对营业活动的开展与发展作用巨大。但经过仔细比较分析，可发现二者在以下几点存在较大差别。

（一）法律性质不同

铺底权，是铺东对房东支付租金，就铺房得为永久使用的物权；[②]而不动产租赁权虽然在商事实践中对所有权约束较大，但其在法律本质上仍是一种债权。

[①] 有学者认为，这种不动产租赁权（包含租赁延展权），具有无形性、可转让性等特征。参见 Michel de Juglart et Benjamin Ippolito,Cours de droit commercial,p.346.
[②] 胡长清："铺底权之研究"，载《法律评论》第6卷（总第312期），第5-10页。

（二）不动产使用权的期限不同

在铺底权中，铺东对铺房享有永久使用权；而不动产租赁权中的使用权虽可以依据承租人的租赁延展权有所延展，但它仍然是一个有期限的使用权。

（三）二者作为营业资产之构成要素的必要性不同

在铺底权及商事营业的不同法律关系中，铺底之构成类似于营业资产之构成，二者作为整体其价值大于各项构成要素简单相加之和，因此都具有一定的溢价。[①] 但是，在铺底权中，铺底权是构成铺底且一定存在的组成部分，[②]在这一点上，有别于不动产租赁权，在现代商事营业中，不动产租赁权虽然是营业构成的重要要素，但绝非必要要素。

第四节 顾客群——营业之核心及必备要素

如前所述，顾客群是商人营业活动中（即客观意义上的营业）的核心要素，故而，在谈及营业及营业资产转让的时候，有必要将顾客群的性质、内容以及判断标准进行一定的阐述，以为后文的论述打下基础。在此，先做一个简单的概念交代，即顾客群概念与竞争法中的相关市场（relevant market）是猎场与猎物的关系，[③]二者具有本质的不同。

一、顾客群的本质

关于顾客群的本质，抑或叫实质，是一个有过争论，但对实践指导意义不大的问题。更进一步阐释，传统民商法理论以及判例大多认可顾客群是商事营业资产的核心要素，但有部分学者持反对观点，他们认为顾客群并非营业资产的核心组成要素，相反，顾客群是营业资产通过商人的组合以及有效利用逐渐形成的产

[①] 金伏海："续租权与铺底权之比较"，载《比较法研究》2006年第4期，第61页。
[②] 倪宝森：《铺底权要论》，1942年版，第45页。
[③] 伊夫居荣教授对此做过一个形象的比喻：顾客群是已经落入圈套的猎物，而相关市场是猎取猎物的猎场。参见 Y. Guyon, Droit des affaires, t. I, 12 édition, Economica, 2003; t. II, 9 édition, Economica, 2004, n° 690.

物。[1]除此之外，还有少数学者认为，顾客群的形成以及扩大是商人组合利用营业资产的目的，顾客群与营业资产应当是目的与工具的关系。[2]甚至还有观点认为，如果说顾客群本身就指向一种财产性价值，那它本身不应该被财产化而称为标的物。[3]

尽管理论上的分歧一直存在，但顾客群的本质对商事实践的影响并不明显。其中一个很重要的原因是：无论认为顾客群是营业资产的核心要素，还是认可顾客群符合目的论解释，都不妨碍顾客群在商人心中的重要地位。毕竟商人在意的仅仅是未来可能缔结合同的机会以及获利的可能性，而这一切与顾客群本质是什么并无关系。

二、顾客群：唯一必备构成要素

关于商事营业资产的必备构成要素，学者的认识并不尽一致。例如，诚如文中提及的，我国有学者一度认为铺底是一个等同于商事营业的概念，而铺底权在这个概念体系中，则扮演了一个不可或缺的角色，质言之，没有铺底权就不称其为铺底。这种观点显然过于绝对，其结论的得出仰仗一个基本的前提——铺底等于商事营业，而经过论证，这一前提本身是无法成立的。还有学者认为，专利权、商标权等工业产权是营业的必备构成要素。[4]客观地说，这种观点并不存在明显的认识错误，但却缺乏普遍适用的价值，原因在于并非所有的营业转让的产品或机器设备都涉及工业产权的转让，因此，这种结论的适用仅仅在特殊场合才有效。

综上，笔者认为，如果说存在营业之必备构成要素，那就是顾客群，且是唯一。在法国商法中，顾客群与商事营业的存在呈现一一对应的关系，换句话说：没有顾客群的存在，就没有商事营业的存在；有商事营业的存在，就一定存在顾

---

[1] M.Thibierge, Rapport de clôture du 60 congrès des notaires de France, Revue juridique de jurisprudence de
droit des affaires 1962, p. 605.

[2] Y. Guyon, Droit des affaires, t. I, 12 édition, Economica, 2003; t. II, 9 édition, Economica, 2004, n° 691.

[3] 许瑛："法国营业资产法律制度研究"，华东政法大学 2012 年博士毕业论文，第 31 页。

[4] 例如，某种产品的生产厂商，而产品具有某项专利，则受让人在受让营业资产时，附着在商品上的专利权也应当虽营业的转让一并转让于受让人。参见 George ripert et René roblot,Traité de droit commercial,p.440.

客群。在这里，有必要阐明顾客群与顾客的关系。在法国商法典中，顾客与顾客群[①]是两个表述十分相似，但又区别明显的概念。

传统民商法理论认为，顾客范畴小于顾客群，并且顾客的到来并非商人营业活动所致，而是特定的地理位置所决定的，[②]这就显著地与顾客群区别开来。但这并非断言顾客相较于顾客群而言，对商人的营业业绩没有影响。相反，顾客对商人的营业业绩十分重要。[③]不过，现代法学理论认为，顾客与顾客群的上述区别仅仅是事实上的，对司法实务的指导意义并不大。其中较为突出的是法国德努普教授的独到见解。[④]他认为传统法学理论透过顾客去理解顾客群，二者区别的确不大，但是如果转换一下研究视角，倘若顾客群消失，那么理论上就不存在商事营业，但是顾客仍然可以存在，因此，可以得出的结论是：顾客必定附着在某项营业资产之上，而非营业之上。这一观点在法国的司法实务中也得到了印证。例如，商人欲转让尚未到期的商业租约权（即不动产租赁行为），但为了搭上法国商法典关于营业转让的制度便车，[⑤]借以营业转让的名义转让其租约权，案件中当事人宣称，商业租约权的地理位置足以吸引很多顾客前往消费，因此构成营业转让，最终这一辩解未能获得巴黎上诉法院的支持，法官认为，附着于商业租约权的是顾客，而非顾客群，合同以营业转让的名义实则转让商业租约权，不能对抗不动产出租人。[⑥]

一个值得关注的问题是，顾客群的规模并不构成顾客群的直接影响因素。进一步讲，顾客群是一个抽象的法律概念，它并不暗指必须满足一定的数量要求才能构成顾客群。法国最高法院的一则判例显示，一个商人即使只有 16 个顾客，照样构成顾客群。[⑦]

[①]《法国商法典》第 141-5 条、第 142-2 条分别将顾客群和顾客表述为：la clientèle 和 l'achalandage。

[②] Lexique des termes juridiques 2011, Dalloz, 18 édition, p. 11.

[③] 法国最高法院在一则商家与购物中心的判例中认为，某个大型购物中心计划改变商场内部布局，进而决定关闭 B 出口，仅保留 A 出口的行为，直接导致了 B 出口周围的商家顾客减少，产生损害，最终判决购物中心败诉。参见 v. Cass. com., 21 janv. 2003, n° 9720.340.

[④] Encyclopédie Dalloz, Répertoire de droit de droit commercial, Derruppé, n° 28 et 109.

[⑤]《法国商法典》第 145-16 条规定，承租人因公司合并、营业资产转让等原因而转让商业租约权的，承租人可以不需要取得出租人的同意而直接转让，但有事后通知出租人的义务。

[⑥] 许瑛："法国营业资产法律制度研究"，华东政法大学 2012 年博士毕业论文，第 34 页。

[⑦] 法国最高法院的一则判例认为，一位承租人将自己承租的地方分成 16 个隔间，在分别

三、一个真实的确定的顾客群存在的判断标准

如前所述，顾客群与营业资产的一一对应关系体现在：顾客群的产生、变动和消失将直接导致营业资产的产生、变动和消失。因此，准确的判断顾客群产生的时间，对营业资产的判断至关重要。论及此处，有以下问题亟待解答：真实的确定的顾客群的产生时间，是否商店迎来第一批顾客的时间？还是经过一定的时间的经营，顾客趋于稳定的时候？如果是后者，那么稳定的判断标准又是什么？顾客群产生的时间又是否能够统一为开业之际？其实，顾客群认定的标准，经过了一个逐渐变化的过程，并且现在仍然处于演变之中。

（一）被弃用的判断标准——工商管理登记

法国莱恩省（Colmar）的法院判例[①]曾经确立一项判断顾客群产生时间的标准，即商人在工商行政管理部门办理登记之日，为顾客群产生之日。这项标准产生的案情背景是，一对离婚夫妇请求法院分割夫妻共同财产，但顾客群的产生时间（即营业资产的产生时间）起算的时间不同，会造成法院最终确定夫妻共同财产范围的结果不同，法院无奈之下，只能推理认为：凡办理工商管理登记之日起，营业资产宣告成立。

很显然，经莱恩法院确立的这项标准似乎并不科学。原因在于办理工商管理登记与实际从事营业活动可能相距的时间甚远，通过一个简单的标准推理甚至默认在这段时间中顾客群实际已经产生，并非一件合理的事情。可能正是基于以上原因，法国最高法院最终并没有承认并弃用了此项标准。

（二）被否定的判断标准——平均营业额论

平均营业额论在法国理论界并非多数派，从文义解释的角度出发，这种学说是应用数学上的平均值计算方法来计算商人某个时间段的平均营业额，通过对平

租给 16 个人用于停车，这些顾客人手一把进入车库的钥匙，他们的存在构成了承租人的顾客群。参见 Cass. 3 civ., 5 juin 1970, Bull. civ. III, n° 383; Dalloz-Sirey 1970, p. 673; Revue trimestrielle de droit commercial 1971, p. 292, n° 8, obs. M. Pédamon.

① CA Colmar, 6 janv. 1967, Revue trimestrielle de droit commercial 1969, p. 40, n° 6, obs. crit. A. Jauffret.

均营业额的确定,来判断顾客群的真实产生时间。巧合的是,这个标准的产生同样是在一起离婚诉讼中发生,[①]当时波尔多上诉法院被请求分割夫妻共同财产,最后,法院通过计算平均营业额并得出结论认为,营业资产是在夫妻关系存续期间产生,而非婚前财产。这个标准后来被法国最高法院认可,并运用于一些不同类型的案件之中。然而,平均营业额标准始终无法成为判断顾客群乃至营业资产产生的时间,原因在于固定的数学计算方法固然能够准确地计算出平均值,但却忽视了顾客群是一个不断变化的概念,即时营业额在数值上小于或者大于平均数值,并不能断定顾客群的产生或者消失,因此,这个标准也逐渐被学界及司法实务界所否定。

(三) 普遍采用的标准:公众营业论

目前,法国实务界广泛采用的标准是公众营业论。所谓公众营业论是指,判断顾客群以及营业资产产生的时间统一为向公众营业之日起算。这个标准相较于前一个标准而言,更加客观可靠。

尽管如此,公众营业论的普遍适用并非毫无争议。在一些特殊的案件中,法国最高法院曾经公开承认,即使企业尚未公开对外经营,但其顾客群早就真实的、确定的存在了。例如,一些旅游景区的饭店。除此之外,若采用公众营业论标准,难以解释商人歇业或中止营业后又将营业资产进行转让的情形。这里的解释难点在于,若顾客群产生时间始于公众营业,那么,换句话说,顾客群的消失时间止于向公众歇业。如此一来,对于商事实践中出现的歇业后又进行营业转让的情形,将无从解释。

尽管争议从未停止,法国最高法院仍然倾向于采纳这项标准。需要明确指出的是,采用公众营业论标准,至少可以证明商人在客观上已经开始了经营活动,从这一点上,笔者认为公众营业论是优选于前两项标准的。至于在极少数个案中如何解释运用此项标准,仍需要结合个案进行持续探讨。

---

① CA Bordeaux, 8 juin 1952, Juris-Classeur périodique, édition générale 1952, II, 118.

第五节　一些有争议的营业资产构成要素

一、债权和债务

商人的债权和债务分别属于积极财产与消极财产的范畴，是商人进行和维持营业活动的重要组成部分。那么，商人的债权和债务究竟是否属于营业资产的构成要素呢？目前学界有两种截然不同的观点。其中，以澳门特区和意大利的立法为肯定说代表，[①]此学说认为，商人的债权和债务当然的构成商事营业财产的构成要素，在发生营业转让的时候，连同债权与债务都应当同营业一起发生转让。我国学者徐强胜先生也认为，债权和债务是商事主体经营过程中必然形成的，它们构成商事主体营业资产的重要部分。[②]对此，谢怀栻先生表示赞同。[③]与此相对应的是以法国为代表的否定说。法国司法、学说及判例几乎一致认为，商人的债权和债务不属于商事营业资产的构成要素，也就是说，商事营业资产的转让原则上不产生债权与债务发生转让的后果。商人的债权与债务虽然是在营业活动中产生，但它们都归属于商主体个人，不能伴随营业财产的转让而发生转让。

然而，在客观效果上，以法国立法例为代表的否定说会在营业转让的时候造成诸多不必要的麻烦。例如，一些尚在有效期内、且对营业活动带来极大便利的合同类债权债务关系，如劳动合同、原材料买卖合同、产品销售合同、委托合同以及储存合同等。事实上，这些合同类债权债务关系对于受让人营业活动的开展是极为便利的，但法律上否定了债权与债务随营业发生转让的可能性，因此，当受让人受让营业资产后，不得不再次就这些合同进行洽谈、磋商，这无疑是违反市场效率原则的。其后，法国司法实务中虽然注意到了上述规则所带来的负面影响，也试图采取一些措施以减轻、甚至消除负面影响，例如规定劳动合同、租赁合同等可以随商事营业资产一同转让，但仍然收效甚微。

综上，笔者认为，应当肯定债权和债务构成商事营业资产，原因至少有以下两点：其一，债权和债务是由商事主体的经营活动而产生，并且归属于商事主体；

[①] 参见《澳门商法典》第112、113条。中国政法大学澳门研究中心、澳门政府法律翻译办公室编，中国政法大学出版社1999年版，第31-32页。
[②] 徐强胜：《商法导论》，法律出版社2013年版，第280页。
[③] 谢怀栻教授认为，营业财产包括积极财产（资产）与消极财产（负债）。参见谢怀栻：《外国民商法精要》，法律出版社2006年版，第257页。

其二，债权与债务对受让人之营业活动的开展及维持具有重要作用。

二、不动产

不动产是一种存在广泛争议的商事营业资产构成要素。前已述及，率先提出营业资产概念的法国，并不承认不动产是一种商事营业资产的构成要素，究其原因主要基于以下两点：其一，民事法律行为与商事法律行为的绝对区分。法国学者认为，商事营业资产的转让是一种典型的商事行为，与之对应，涉及土地及房屋所有权等不动产转让需要到不动产登记管理部门变更登记，而这一行为是典型的民事行为，因此，商事营业资产不应该包含不动产要素。其二，对商事效率原则的遵循。如果将不动产纳入商事营业资产的范畴，当商事营业资产进行转让之时，会由最初的一个登记行为变成两个登记行为，违背了市场效率原则，而这恰恰又是商事主体从事商业活动较为看中的"机遇"。需要特别指出的是，在法国等承认营业转让的国家，针对营业转让行为是需要进行对应的登记才能发生效力，只有在这些国家，才存在双重登记的困扰。

受法国立法例及双重登记困扰的启发，我国部分研究法国商法的学者认为，就目前我国的规范现状来看，将不动产纳入商事营业构成要素的范畴，并不一定会违背市场效率原则，一个很重要的原因是：我国目前还没有立法明确营业资产转让相关制度，也就没有营业转让登记的要求。当然，我们不能因为立法滞后，而对相关问题进行回避。那么，不动产究竟能否纳入营业资产的要素范畴，还得从本质上去思考。笔者认为，就我国的规范现状及商事实践来看，不应当将不动产排除在商事营业资产的构成要素之外，主要原因有以下几点。

第一，在我国民商合一的大背景下，民事法律行为与商事法律行为并不存在不可逾越的鸿沟。[①]法国商法典之所以将不动产排除在营业资产构成要素的范畴之

[①] 梁上上认为，商行为可分为营业性商行为与个别性商行为。其中营业性商行为、个别性商行为与民事行为不同，例如在民间借贷出台之前，大家都认为法人之间的借贷行为是无效的。但是作为最高法依据之一的《银行业监督管理条例》第19条规定将范围限定在"业务活动"之内，这就是说企业虽然不具有从事营业性借贷的资质，但是个别性的却应该是可行的。此时个别性商行为与民事行为几乎重合、差别细微。参见梁上上："商事行为与商法思维"，2016年中国法学会商法学研究会年会报告。但本质上，商行为与商人制度都是从民事法律行为与民事主体制度演变而来，其形式理性尚未达到可完全独立的程度。梅夏英："民法典编纂中

外，一个很重要的原因是，他们认为不动产的产权变更是民事法律行为，而商事营业转让是一个纯粹的商事法律行为，二者应当区别对待。但这个前提置身我国现有的规范体系中似乎并不成立。根据我国民商法理论，民法与商法在基本价值上具有重合性，在调整对象上具有不可区分性，因此，民事法律行为与商事法律行为并不存在不可调和的矛盾，由此将不动产排除在营业资产构成要素的范畴之外，理由并不成立。

第二，不动产产权变更登记并不违背市场效率原则。我国目前的立法规范，虽然没有明确营业转让相关制度，但这并不排除我国会在不久的将来进行立法确认，在这其中，营业资产转让登记将是一个不可回避的问题。从我国现有立法来看，专利权和商标权等工业产权的变更需要到相应管理部门进行备案登记，如果说因为进行不动产产权变更登记违背了市场效率原则从而被排除在营业资产构成要素的范畴之外，照此逻辑，很难解释为何专利权与商标权等工业产权在同样需要进行备案登记的情况下，依然被纳入营业资产构成要素的范畴。以此观之，违背市场效率原则的规律似乎也不能成立。

第三，营业转让的必备登记程序，符合物权法的公示公信原则。客观上，商事营业资产是一个财产集合体的抽象法律概念，其构成要素的流转及权属变更应当符合我国物权法规定的物权变动规则。正如梅迪库斯所言，"对财产规定概括性的法律后果也是无意义的，特别是并不存在维护财产整体性的理由"。[1]因此，商事营业资产可以成为转让合同的标的，但这并不意味着商事营业资产的所有构成要素的权属变更可以通过一个合同行为或一个交付行为完成。与此相对应，不同性质的商事营业资产要素的转让需要根据相应的法律规定完成交付程序，只有符合被转让企业既存的劳动合同关系，才能依据《德国民法典》第613a条的规定产生概括转移的法律效果。[2]

民商法关系的基本理论判断"，2016年中国法学会商法学研究会年会报告；赵磊："反思'商事通则'立法——从商法形式理性出发"，载《法律科学》2013年第4期，第161页。

[1] 迪特尔·梅迪库斯著，邵建东译：《德国民法总论》，法律出版社2013年版，第889页。

[2] 迪特尔·梅迪库斯著，邵建东译：《德国民法总论》，法律出版社2013年版，第890页。

三、商事账簿

商事主体的会计账簿及其他会计文件是否属于营业资产的范畴，以及在发生营业转让的时候，这些会计账簿是否会跟随营业的转让一并转让给受让人，这也是一个颇具争议的问题。在法国商法中，学者普遍认为会计账簿不属于营业资产的范畴，一个很重要的原因便是：会计账簿等会计文件虽然可以跟随营业的转让而发生转移，但受让人的使用有效期仅有3年，且不享受会计账簿的所有权。[1]如此一来，这就给商事实践带来了困扰。一方面，营业转让的受让人通过营业转让而获得会计账簿的使用权，但期限只有3年，3年之后的去向仍是一个不解的问题；另一方面，营业转让的转让人又具有法定保管义务，且义务期限为会计账簿编制完成之日起算，这就是实践操作带来了巨大的麻烦。受到法国商法立法例的启发，我国有学者认为，[2]这其实给一个很好解决的问题。他认为会计账簿本身就属于营业转让构成要素，因此，理所应当地应该随着营业资产的转让而发生转移。并根据我国会计账簿相关法律法规，单位之间移交会计档案，应当编制会计档案移交清册，列明应保管期限、已保管期限等核心内容。其实不然，上述学者观点仍有商榷之余地。会计账簿究竟是否属于营业资产构成要素，还应该回归会计账簿和营业资产的本质来探讨。会计账簿，又称账簿，是由一系列账页所组成，且这些账页之间相互联系并具有特定的格式，其目的在于全面记录一个企业、或一个主体的经济业务活动事项。而营业资产是商事主体将各个营业资产构成要素有机结合在一起的财产集合体。从概念出发，我们不难发现，会计账簿只是记载商主体从事营业活动经济往来的簿籍，与营业资产完全属于两个不同范畴的事务。当然，在营业转让的场合，会计账簿应当根据现有法律法规进行登记备案方能有效交接，但这与它本质上是否属于营业资产并无必然联系。

综上，笔者认为会计账簿应当随营业资产一并转让，但它本质上并不属于营业资产之构成要素。

---

[1] 商人对会计账簿的保管义务期限为10年，义务期限为会计账簿编制完成之日起算。参见《法国商法典》（金邦贵译，中国法制出版社2000年版）第16条。

[2] 参见滕晓春："营业转让制度研究"，中国政法大学博士论文2008年，第33-34页。

本章小结

营业财产既是商事主体从事商事活动的物质基础,也构成了自身财力及信用外观的体现。一般而言,营业财产包含经营场地、机器设备、原材料及商品、商号、专利等工业版权、债权债务以及具有财产利益的事实关系,如顾客群等。

具体而言,有形构成要素是指那些消耗具体空间并可以为人所感知的事物,包括机器与设备、原材料、商品成品与半成品等。无形构成要素是指那些不为人所感知的,仅能从观念上认识的存在。包含顾客群、商号、商事招牌、工业产权以及债权债务,等等。

特别值得注意的是,顾客群是所有构成要素中唯一必不可少的。如果说存在营业之必备构成要素,那就是顾客群,且是唯一。在法国商法中,顾客群与商事营业的存在呈现一一对应的关系,换句话说,没有顾客群的存在,就没有商事营业的存在;有商事营业的存在,就一定存在顾客群。在顾客群的判断标准上,历经了一个有"工商管理登记"——"平均营业额论"——"公众营业论"的变迁,尽管争议从未停止,但"公众营业论"在具体的判断过程中具有前两者无法取代的优势。

第三章 营业的性质认定与再次检视

第一节 营业的特性及基本属性分析

一、功能上的完整性

如前所述,商事主体因从事营业而占有、使用的财产种类繁多、性质各不相同,例如包括有形构成要素和无形构成要素,以及包括各种有价值的事实关系。正如梅迪库斯所言,"个人将其财产的一部分贡献于某个企业的经营的,该部分财产即构成一个经济上的整体。"[1]这正是从财产的整体性出发,理解财产之所以聚集在一起的目的。商事营业资产与企业财产类似,都是由不同类型的动产、不动产、权利、事实关系以及各种无形财产组成,[2]这些分散的财产之所以能够聚集在一起,本质上是为了商事主体从事生产经营的目的,这就是功能上的完整性抑或整体性。

在日常的商事实践中,不同种类的有体物之间以及有体物与无体物之间,常常因为目的上的一致性而具有某种特殊的关系,这就构成了所谓的整体性规则。另一方面,物的所有权人对物的占有和使用恰恰也是基于这样的整体性功能,来达到自己的目的。例如,一个商人要购买一家玻璃商店或一家蔬菜商店,他就必须要求出让人转让这家商店的所有一体化财产,[3]包括商店的房屋所有权或使用权、店内的商品、陈列架以及各种机器,因为这一系列的财产及权利都共同指向一个同样的目标——那就是经营。因此,我们可以得出这样的结论,那就是当多项财产为相同的目的积聚在一起时,就具备了其整体性功能基础。

---

[1] 迪特尔·梅迪库斯著,邵建东译:《德国民法总论》,法律出版社2013年版,第889页。

[2] 陈华彬:《物权法原理》,国家行政学院出版社1998年版,第651页。

[3] 迪特尔·梅迪库斯著,邵建东译:《德国民法总论》,法律出版社2013年版,第890页。

一个有趣的观点是,[①]营业资产在功能上的完整性与现代财团抵押制度的产生与兴起有密切关系。通说认为,财团抵押的标的事实上是为企业经济需要而结合为一体且具有特定性的物和权利。[②]在德国法上,与企业经营无关的财产,是被排除在企业财团之外的。[③]而在性质认定上,则与日本法相同,财团抵押都被视为不动产对待。[④]相比较而言,营业资产转让制度与财团抵押制度的产生都与经济发展密不可分,但二者所处的历史阶段截然不同。财团抵押制度的产生时期明显晚于营业转让制度,其产生与发展伴随了企业对资金融通的极大渴望。从构成要素来看,财团抵押中的财团与营业转让中的营业有着极其相似之处。在日本、德国的财团抵押制度中,财团的构成要素包括土地、建筑物等不动产、机器设备、运输工具以及与企业不动产相关的各种财产权利和工业产权。但与企业经营无关的财产被明确的排除在财团的范畴之外。经过对比不难发现,财团抵押中财团的构成要素除了不包括具有财产关系的事实关系以及顾客群外,几乎与营业之构成要素吻合。除此之外,更重要的是,营业资产转让相关制度的构建也与财团抵押具有紧密联系,尤其是在物权变动与公示方面。

二、整体上的相对独立性

商事主体的营业资产作为一个商法上的重要概念,其相对独立性是相对于传统民法上财产概念而言的,质言之,商事营业资产的相对独立性又与其功能上的完整性密不可分。[⑤]

在营业的语境下,营业资产的构成是以各种不同构成要素的有机组合为前提的,即便每一种或每一项构成要素都能够单独称其为民法上的物,并进行独立的

[①] 滕晓春博士认为,营业资产相关制度的构建对现代财团抵押制度的产生与发展起到了积极作用。参见滕晓春:"营业转让制度研究",2008年中国政法大学博士论文。
[②] 陈本寒:"我国企业担保制度的完善",载《现代法学》1998年第4期,第53页。
[③] 史尚宽:《物权法论》,中国政法大学出版社2000年版,第299页。
[④] 梁慧星:《民商法论丛》(第3卷),法律出版社1995年版,第182页。
[⑤] 陈醇认为,商法之中存在大量的权利合成、分解和单纯结构变动现象,要求人们关注成分及其组合的方式。权利的结构可以有无限多的设计,它像乐谱一样具有变调性和独立性,结构一旦形成,也就具备了整体性。权利的合成与分解是一个量变与序变同时进行的过程,很有可能诱发权利的质变和功能的变更,同时,权利的单纯结构变动也可能使权利发生质变和额功能变更。在这其中已有大量案例,如资本性财产权的集中和生成。参见陈醇:"权利的结构:以商法为例",载《法学研究》2010年第4期,第98页。

转让、出租和抵押，但当这些元素通过某种一致性的特定目的结合在一起时，便具有了区别其他财产以及单独财产的相对独立性。在规范法视角下，传统民法对财产的调整一般由物权法、债法以及知识产权法调整。其中，物权法和知识产权法分别以调整有形财产关系与无形财产关系为主，债法（包括侵权责任法和合同法）则主要调整债权债务关系。换句话说，传统民法对财产的调整更加重视财产的形态，①在具体的法律关系中，对于这些具体的财产形态，民法仍然还要将之具体化。

与重视财产的具体形态不同，商法对营业的调整则更加注重相对独立性以及概括性。现代商事活动并非针对单一财产的简单利用，而是一种相对复杂的，将不同形态的各种财产综合利用的过程，②其核心不在于关注某个元素权利的归属或支配，而是更加注重综合利用构成后的最大利润产出。③在这个过程中，作为构成元素的这些单一财产的数量以及比例不断地变化，呈现出一种相对独立的混合状态，故而，有的学者也称之为"活的企业财产"。④

有学者认为，⑤营业资产的相对独立性以及其相关理论是对物权法中"一物一权"原则的挑战和突破。其实，早在2008年的时候，谭启平教授以及朱涛等人就对"一物一权"原则有过检讨，⑥他们认为，所谓的"一物一权"并非指一物之上只能设定一个所有权，这里的"权"是指代的物权，所有权固然重要，但毕竟取代不了物权。举个简单的例子，法人分支机构经登记注册，其享有对其名下财产的支配权，这个权利尽管不是所有权，但不得不承认它是物权。⑦因此，笔者认为，

---

① 徐强胜：《商法导论》，法律出版社2013年6月版，第276页。

② 在财产综合利用的观点中，甚至有学者认为"网上商店是网络虚拟财产中的一类，因其集虚拟物与权利为一体，而称为虚拟集合物。网店经营者对特定平台空间享有用益物权，对作为集合性财产的网店享有所有权。"林旭霞、蔡健晖："网上商店的物权客体属性及物权规则研究"，载《法律科学》2016年第3期，第192页。

③ 肖海军："论商主体的营业能力——以投资主体与商业主体的二重结构为视角"，载《法学评论》2011年第5期，第35页。

④ 吴建斌：《现代日本商法研究》，人民出版社2003年版，第90页。

⑤ 包括滕晓春、许瑛、徐强胜在内的众多学者，都认为商法的营业资产制度是对"一物一权"原则的颠覆和挑战。参见滕晓春："营业转让制度研究"，2008年中国政法大学博士论文；许瑛："法国营业资产法律制度研究"，2012年华东政法大学博士毕业论文；徐强胜：《商法导论》，法律出版社2013年6月版，第276-278页。

⑥ 谭启平、朱涛："论物权主体"，载《甘肃政法学院学报》2008年版第4期，第15页。

⑦ 可见，设立者在设立法人分支机构的时候，将自己财产登记在分支机构名下，自己虽然保留对财产的所有权，但也让渡了部分物权给分支机构。参见谭启平、朱涛："论物权主体"，

在商事营业资产的语境下,相对独立性理论并不构成对传统物权法的挑战,原因至少包括以下几点。

第一,依托相对独立性而为的营业资产转让行为,其客体并非指向营业资产的所有权。事实上,在营业资产转让制度相对成熟的国家,在让渡营业的时候,需要到对应的管理部分登记,但这个登记并不等同于所有权变更登记,而是一种物权登记。

第二,物权法上的"一物一权"原则并非指代所有权。尽管在传统民法上,所有权在整个物权体系中占据了核心地位,但它仍然不能等同于物权。特别是在市场经济高度发达的现代社会,一味地陷入"一物一权"原则的"误区",必将严重阻碍经济的发展。

第三,营业的相对独立性不构成对"一物一权"原则的颠覆。在明确营业转让的客体并非集合财产的所有权时,可以得出的结论是:营业的相对独立性并不构成对"一物一权"原则的颠覆。在明确这个结论后,现代社会的"一物一权"原则也应该得到相应的检视。有学者就特别提出,传统大陆法系的"一物一权"原则并非所有权制度的金科玉律,英美法上的"信托"就是彻彻底底的一物"二"权,并且这相关制度的优越性也吸引了为数众多的大陆法系国家的效仿。

三、构成要素的持续波动性

一般而言,在商事营业资产的构成要素中,一直处于一种可变动且随时波动的状态,但是这种构成要素上的持续波动性并不影响营业资产的相对独立性。所谓商事营业资产的持续波动性是指,商主体在经营活动中根据营业的即时需求,不定期的补给或削减营业资产之构成要素的总量或部分,造成商事营业资产的市场估值处于一个相对不稳定的波动状态之中。有学者认为,这种针对营业资产的增加或减少,使这些财产处于一种混合状态,[①]然而,这样的变动并不改变商事营业资产的相对独立性。[②]

分析商事营业资产的持续波动性,在于重点关注两个方面的内容。其一,营业资产之构成要素的波动。众所周知,商主体的库存商品并非一成不变,例如2016

载《甘肃政法学院学报》2008年版第4期,第14-15页。
[①] 徐强胜:《商法导论》,法律出版社2013年6月版,第274-276页。
[②] Michel de Juglart et Benjamin Ippolito,Cours de droit commercial,p.348.

年 10 月，华为的任正非先生预测在不久之后，将直接迎来空前的经济危机，因此果断采取手段减小库存，缩减长期债权持有总量等。其实，商品的库存数量主要跟所处的经济大环境以及市场供求关系有密切关系。除此之外，其他的构成要素也处于不断变化之中，工业产权的有效期限，以及机器设备的使用贬值等，都会不断地降低营业资产在市值评估中的价值。其二，营业活动的正常增值。这一方面的影响因素主要包含长期债权的实现、通过经营积累的顾客群增加、产品的增值等等。正如法国学者德迪尔·保罗所言，商事营业资产是一个处于不断变化之中的财产总体，是一个不确定的抽象概念。①

此外，另一个值得关注的是浮动抵押与营业资产的波动性。我国物权法规定，②经当事人协商一致，当事人之间可进行浮动抵押，但标的仅限于生产设备、原材料、半成品以及产品，并规定了不得对抗善意第三人。二者相同之处在于，浮动抵押的抵押财产与营业之构成要素，都是处于变化之中。但仔细分析不难发现，浮动抵押变化的仅仅是抵押财产的价值，而营业资产波动的还可能是构成要素的数量，这是二者最大的区别。

四、客体的特殊性

商事营业资产的客体，不是一般的财产，而是一种综合财产。前已述及，商事营业转让的客体并非所有权，而是一种物权，也再次印证了这种观点。事实上，商事营业资产由不动产、动产以及工业版权等无形财产组成，除此之外，还包括顾客群等具有财产性质的事实关系，正如江平教授所言，企业是商法中可以流转的一种特殊客体，其特殊性恰好体现在综合财产上。③与企业财产构成类似，营业资产除了具备功能上的完整性、相对独立性以及构成要素的波动性等特征外，还具有财产上的特殊性，这一方面的特点主要体现在商事营业资产的核心要素——顾客群上。

前已论及，顾客群是商事营业资产中最重要的中心要素，任何营业只要缺少这个要素，就难以称其为营业。在商事实践中，不管商事主体具体从事什么行业，

---

① Paul Didier, Droit commercial, p.366.
② 参见《物权法》第 181 条："经当事人书面协议，企业、个体工商户、农业生产经营者可以将现有的以及将有的生产设备、原材料、半成品、产品抵押，债务人不履行到期债务或者发生当事人约定的实现抵押权的情形，债权人有权就实现抵押权时的动产优先受偿。"
③ 江平：《西方国家民商法概要》，法律出版社 1984 年版，第 210 页。

他的经营活动以及营业产出都是依靠顾客群实现的，一旦没有顾客群，商人的营业活动便无法继续维持。在商事营业转让的场合中，其财产的特殊性往往体现为超价值的实现，而这一目的的实现又是与顾客群密不可分的。在营业资产的构成中，商事主体通过对各种营业资产要素的有机结合和综合利用，逐渐形成了稳定的顾客群，从而实现超越营业资产各项要素简单相加的多余价值。除此之外，营业财产的特殊性还体现在实现转让之后的法定义务上，例如竞业禁止义务等。进而言之，也就是说转让人是成功转让营业资产之后，不得在同一地区从事相同行业的经营活动，在这一点上，是与普通民法上的财产转移后转让人的义务具有明显差异的。

第二节　营业在性质上可视为不动产

在传统物权法上，动产与不动产的区分意义在于保护交易安全，因为动产与不动产具有各自相对独立的一套权属变更及公示规则。在动产领域，物权随物的交付发生变动，遵循占有即公示的原则；而在不动产领域，物权的变动需要到不动产登记中心进行变更登记方能变更，此时不能遵循占有即所有的规则，相反，必须遵循登记生效主义。[①]那么，在商法中，营业应当被定性为动产还是不动产呢？这是一个在学界争论已久的问题，也是学者在研究商事营业资产性质的时候不能回避的问题，理由很简单，即如果商事营业被定性为不动产，那么其转让应该遵循不动产权属变更的程序，例如变更登记，否则即不能生效；如果被定性为动产，则其权属变更就应遵循动产交付规则，表现在商事实践中就会更加灵活、机动。

将营业资产定性为动产的学者中，以张民安教授为代表，普遍认为将营业的性质视为动产是可行的，[②]这更有利于营业快捷、便利的流转，而这也是与商法之精神相契合的。这样类似的表达，显然受到了法国商法的影响。在法国商法中，不动产被明确地排除在了营业之构成要素的范畴之外，[③]因此，将一个动产及动

[①] 参见《物权法》第6条规定："不动产物权的设立、变更、转让和消灭，应当依照法律规定登记。动产物权的设立和转让，应当依照法律规定交付。"

[②] 张民安：《商法总则制度研究》，法律出版社2007年版，第333-334页。

[③] 在法国，营业资产是一种动产性质的集合财产，因为商业营业资产的构成要素包括有形动产或者动产性权利，不动产被明确的排除在外。Michel de Juglart et Benjamin Ippolito,Cours de droit commercial,p.354.

性质的权利的集合体视为动产并无不妥。但是在我国,规范基础与商事习惯似乎与法国相差甚远。

在总体结论上,笔者不赞同将商事营业资产的性质视为动产,因为这一结论似乎并未获得有力根据的支撑,同时对我国的商事实践活动也缺乏指导意义。在大陆法系的传统民法中,动产与不动产概念都是针对有体物而言的,物权法是主要调整有形财产的法律,应当与调整无形财产的知识产权法、证券法以及调整有价证券的票据法有所区分,继而构成财产法保护的完整框架。[①]因此,就商事营业资产而言,其既包括不动产(房屋所有权等)、动产(原材料与商品等)等,又包含了顾客群、地理位置等具有财产性质的事实关系,因此,将其简单地定性为动产,似有不妥之处。虽然,有学者做了进一步解释,认为营业资产是一种不同于一般民法上具有特殊性质的动产,区别于有形性质的动产。[②]尽管这一解释似乎与范健先生"除了民法物权之外,还存在商法上的物权"[③]的论断有不谋而合之处,但仍然难以具有很强的说服力,原因很简单,倘若营业资产能算作动产,债权、知识产权、商业秘密、顾客群等事实关系都能被视为动产?显然,这是不切实际的。退一步讲,暂且将商事营业资产视为动产,那么,在涉及营业转让的场合或其他处分行为时,真的仅依靠动产交付规则就能使交易行为生效吗?答案显然是否定的。即便是在法国等将商事营业资产视为动产的国家,其商事营业资产的流转依然无法回避商事登记与公示程序,而这一程序显然与动产的交易规则有所区别。历史的真相总是那么耐人寻味,这在某种程度上,似乎预示着争论商事营业资产的动产属性,是缺乏商事实践意义的。

就此,笔者认为,探讨商事营业资产的性质,应当具体结合其构成要素的种类而论。前已述及,商事营业资产的构成要素,包括有形要素和无形要素以及顾客群具有财产性质的事实关系,因此,商事营业资产首先确认是一种由经营目的的一致性聚集的财产集合体,具有功能上的完整性、相对独立性、持续波动性以及特殊财产性的典型特征。其实,在营业资产的性质认定上,尚可进行比较法的研究分析,从构成要素来看,在国外的财团抵押制度中,财团的构成要素包括土地、建筑物等不动产、机器设备、运输工具以及与企业不动产相关的各种财产权

---

① 王利明等著:《我国民法典体系问题研究》,经济科学出版社2009年版,第378-379页。
② 张民安:《商法总则制度研究》,法律出版社2007年版,第333页。
③ 范健:《物权:一个商法命题》,载《财产法暨经济法》创刊号2005年。

利和工业产权。相比较而言，营业资产的构成与财团抵押已无限接近。[①]在德国法上，与企业经营无关的财产，是被排除在企业财团之外的。[②]而在性质认定上，德国与日本法都将财团抵押视为不动产对待。[③]加之，我国通说认为，营业资产的构成要素包括不动产在内，因此，我们不妨先将营业资产视为不动产性质，以观后效。

第三节　侵权法上营业权的创设与营业利益

德国著名法学家 v.Tuhr 曾感叹，"权利概念是私法的中心，且为多样性法律的最终抽象化。"[④]鉴于权利在私法中的重要地位，19 世纪以来，一大批学者致力于探究权利的本质。[⑤]最具有代表性的当属萨维尼（Savigny）与文德赛(Winscheic)，他们率先提出意思力（willensmacht）与意思支配学说(willensherrschaft)，所谓的权利大致为个人意思自由活动或所能支配的范围。其后，耶林提出著名的利益学说，认为个人意思力及其支配的范围旨在满足特定的利益，简言之，权利乃法律所保护之利益。此后，学者结合二者之观点形成通说至今。在德国、日本等大陆法系国家（包括我国台湾地区），历史上都出现过关于营业权或者营业利益的司法判例，甚至在德国立法上还规定了营业权这样的抽象权利。不仅如此，在大陆范围内，也有专著致力于研究营业权及营业自由权对国家经济体制的模式选择与市场体制的目的定位。[⑥]由此，我们不得不追问，营业权究竟是一种怎样的权利，隐藏在它背后的利益本质又是什么，以及法律是否该对此进行保护等问题。

前已述及，营业包括客观意义上的营业与主观意义上的营业。从上述国家和地区的判例主旨来看，其所涉及的营业权及营业利益并非客观上对有形财产，因此，所要保护的利益并非指向客观意义上的营业，而是暗指主观意义上的营业。

---

① 陈本寒："我国企业担保制度的完善"，载《现代法学》1998 年第 4 期，第 53 页。
② 史尚宽：《物权法论》，中国政法大学出版社 2000 年版，第 299 页。
③ 梁慧星：《民商法论丛》（第 3 卷），法律出版社 1995 年版，第 182 页。
④ 转引自王泽鉴：《民法总则》，北京大学出版社 2009 年版，第 67 页。
⑤ 参见郑玉波：《民法总则》，第 42 页；Coing,Zur Geschichte des Privatrechtssystemsm 1962,S.29ff.;Larenz/Wolf,AT S.270 转引自王泽鉴：《民法总则》，北京大学出版社 2009 年版，第 68 页。
⑥ 肖海军：《营业权论》，法律出版社 2007 年版，第 41 页。

在我国目前立法看来，虽尚未确认客观意义上的营业享有区别于一般民法的商事物权，[①]但这并不妨碍侵权法对客观营业的保护，因其在本质上仍然是一种由各种要素组成的财产集合体。例如，对客观营业之构成要素诸如不动产、商品和原材料等的损害可构成一般侵权行为，若对专利、商标等工业产权实施损害则可构成知识产权侵权。进而对客观意义上的营业的保护可由现行法基本解决，勿须再行创设其他概念。可以这样说，营业权的创设与营业利益的确认是相对主观意义上的营业而言的。相比较而言，主观意义上的营业的损害与固有利益的损害有一定的差别，归根结底它是一种预期利益，是一种将来可能获得的收益，也有学者将这种损失称之为"纯粹经济上损失"又或者"纯粹财产上损害"，[②]因此，营业权以及隐藏其后的营业利益是否应当由侵权法来调整以及怎样调整，一直困扰理论界及实务界的难题。

通过研究德国"纯粹财产上的损害"我们可以发现，为了弥补传统民法下侵权法对纯粹经济上利益保护的缺陷，德国帝国法院在一起判决中开创性地使用了"营业权"一词，创设了一种"对已经设立或进行的企业进行经营的权利"。[③]这一案例发生在一起与商标权争议有关的诉讼中，原告一方当事人被要求终止仿冒商标侵权行为，但当原告因商标权问题停止生产后发现，被告的商标保护效力至案发之时已经丧失，因此，法院支持了原告请求赔偿的损害。在此情形中，被告所侵害的客体并非固有的权利或有形的物，而是一种通过正常的经营活动获取利益的可能性，是一种营业上的纯粹经济利益，更是一种外化为经营行为的意思表示。

一石激起千层浪，营业权一经创设，便引起学界纷争。其典型代表王泽鉴先生就认为，关于营业经济利益的保护大可不必创设一项新的权利，在既有的权利体系中通过扩大解释、目的解释等方法，也可使其保护完整。其主要理由如下：[④]

[①] 范健：《物权：一个商法命题》，载《财产法暨经济法》创刊号2005年。
[②] "纯粹经济上损失"（pure economic loss）与"纯粹财产上损害"（reines vermo gen schaden）分别是英美法和德国法的用语。前者的损失在利益衡量的方法论上与人身权及财产权有所区别，一个重要的原因在于其损失范围的不确定性。美国大法官卡多佐曾说："对不确定的人，不确定的期间，而负不确定数额的责任。"参见王泽鉴：《侵权行为法》（第一册），中国政法大学出版社2001年版，第98页。
[③] Esser/Weyers,Schuldrecht II55 I 2C(S.55);Fikenscher,Schuldrecht,S.737;Fucks,Deliktsrecht,S.42f.转引自滕晓春："营业转让制度研究"，2008年中国政法大学博士论文。
[④] 参见王泽鉴：《侵权行为法》（第一册），中国政法大学出版社2001年版，第178-181页。

第三章 营业的性质认定与再次检视

其一，营业资产的变动性及财产集合体公示的欠缺。众所周知，商事营业资产包括房屋、机器设备、商品及原材料、顾客群以及劳务等事实关系，这些构成要素聚合在一起，缺乏必要的社会公开性，并且时常处于一种变动不居的状态，难以量化。其二，创设一个新的概括性的权利，属于史无前例。在英美法上，即使保护经济利益的商事侵权，也存在众多难以类型化的侵权行为，这些侵权行为所关涉的客体各不相同，也未见得都需要经过抽象化思维形成一个概括性的权利类型。其三，德国判例虽创设了营业权，但其从产生至今，一直备受质疑。特别是关于侵害营业权行为的构成要件，它与一般侵权行为的构成要件有何区别，以及保护范围的认定标准，经过数百年的发展，仍未有定论。此外，德国著名学者拉伦茨教授等更是直言，应该放弃此项已经具有习惯法的权利，重回德国民法的规范模式。[①]

尽管如此，德国联邦法院一直坚持营业权及其营业利益是一项值得保护的权利。在日本，营业利益也获得相应的立法例支持。[②]在我国台湾地区，无论是理论界，还是司法实务界，也大都支持此种观点。如王志诚先生认为，[③]从民法的权利体系而言，营业权在本质上为财产权的一种，不仅在理论上获得认可，也在实务中普遍推行。与此同时，郑玉波先生也认为，[④]营业权的侵害构成侵权行为，例如不正当竞争或同行抵制等垄断行为均构成营业权之侵害。史尚宽先生则认为，[⑤]营业权的侵害，如直接妨碍营业，或因有效之处分，使事实上缩减或丧失其权利，即构成营业之侵害。

综上所述，反对营业权创设之观点以王泽鉴先生为代表，但在本质上，其并非反对对营业利益的保护，而是在保护的方式上提出了不同意见。殊途同归，无论采用哪一种方式，创设一种新的概括性的权利也好，通过解释路径来完善传统侵权法权利构成的漏洞也罢，其目的都是要对营业权背后所指向的利益进行保护。本书并不想对保护营业经济利益是否需要将其抽象化、权利化着墨过多，需要再

---

① 参见王泽鉴：《侵权行为法》（第一册），中国政法大学出版社2001年版，第178页。
② 日本民法第709条规定，因故意或者过时侵害他人权利或受法律保护的利益的人，对于因此所发生的损害负赔偿责任。参见渠涛编译：《最新日本民法》，法律出版社2006年版。
③ 王志诚：《企业组织再造法制》，元照出版公司2005年版，第199页。
④ 郑玉波：《民法债编总论》，中国政法大学2004年版，第132页。
⑤ 史尚宽先生认为，营业权的成立，应当着眼于其财产之独立价值，也就是营业之规模布置及其经营客观的具体化者，为一独立之无体财产权。参见史尚宽：《债法总论》，中国政法大学出版社2000年版，第140-142页。

次明确的是，营业权的创设是为保护主观意义上的营业而创设的，与此相对应，客观意义上的营业早已为法律所确认和保护。

第四节　营业所有权的提出与反思

一、营业所有权的提出与发展

要解决营业转让的制度构建与完善问题，必须首先确认商事主体对营业及营业之构成要素是一种怎样的权利，这是一个前提性问题。在商事实践中，常常困扰商事主体的难题是，虽然不动产、动产以及有价证券等可以通过转让登记或交付转移来让渡权属问题，但营业转让的其他无形构成要素，例如商事信誉、顾客群关系、商业秘密等则在权利移交方式上不易操作。有鉴于此，为了解决营业转让交付问题在实践中的难题，有学者提出营业所有权概念，[1]将营业的所有构成要素视为一个整体，成就营业所有权的客体。但德国学者 V·吉尔克则并不承认营业所有权概念，他认为营业是一种特殊的特别财产。除此之外，戈丁和克劳泽则认为，这是一种类似于所有权的权利，但并不等同于所有权。[2]

在法国及我国大陆地区，商事营业所有权的概念也为许多学者所认同。有观点认为，为了一致性的经营目的而将构成营业的所有构成要素集合起来，则可以认为形成了新的财产所有权。[3]客观上，这种观点的理论基础类似于种类物的聚合现象。例如一粒大米具有所有权，但是当无数粒大米集合在一起形成一袋大米的时候，就形成了一袋大米的所有权。与此同时，这种观点也深深地影响了我国部分学者。如有学者认为，商事主体对营业资产享有的所有权同一般民法上的所有权具有共同性，[4]但有一点注意区分，即无形财产不构成动产所有权客体，而营业所有权所对应支配的标的物中包含无形财产。

---

[1] 如美国学者亨利·汉斯曼认为，在企业中掌握企业控制权与企业利润索取权的人，实际就是企业的所有权人。参见亨利·汉斯曼著，于静译：《企业所有权论》，中国政法大学出版社2001年版，第13页。
[2] 迪特尔·施瓦布著：《民法导论》，郑冲译，法律出版社2006年版，第621-623页。
[3] George ripert et René roblot,Traité de droit commercial,p.442.
[4] 张民安：《商法总则制度研究》，法律出版社2007年版，第334页。

二、关于营业所有权的反思

对于营业所有权概念的产生及发展，总体上笔者持质疑的态度。关于营业所有权，从其产生的商业历史背景来看，其仅仅代表一种商事主体对营业资产及其构成元素的一种特殊支配状态。这种特殊的支配状态像极了V·吉尔克所主张的"营业是一种特殊的特别财产"。[①]在理论上，至少在笔者的认知范围内，它不是一个严谨的法律概念，缺乏严密的逻辑性。

从传统物权法理论来看，所有权只存在于个别的物之上，聚合物不成其为所有权，如一座图书馆，[②]但种类物的聚合除外。在此理解基础之上，企业所有权的概念，并非指出资人对企业的所有财产享有所有权，企业之构成元素的所有权仍然归属于企业本身，出资人仅仅享有股权及企业控制权。与此相对应，营业所有权的概念，也绝非是指商事主体对营业之整体享有所有权，其对应的只不过是一种特殊的支配权，其构成元素的所有权虽可能全部归属于商事主体，但这并不构成成就一个完整营业所有权的基础，营业转让的财产交付仍然必须遵循不动产与动产的交付规则，否则并不发生法律上的转让效果。我们可以做进一步思考，假设商事主体对营业之整体享有所有权，那么必将对构成营业之要素也分别享有所有权，这就会出现一个荒谬的现象，即商事主体对债权享有所有权、对用益物权享有所有权、对担保权享有所有权等，此时，所有权将称为一个无所不包的概念，这将完全颠覆传统民法上关于物权的体系结构。

从权利客体来看，法国的商事营业所有权概念是建立在动产基础之上，这个前提本就与我国的商事习惯[③]不符合。即使把不动产排除在外，将商事营业视为一种特殊动产，仍难以具有说服力。试想把商事营业视为动产，以此类推，则其构成元素无一例外地具有动产属性，本就是动产的构成要素当然无可厚非，但这却实在难以解释顾客群、债权、工业版权等称为动产的结果。

从交易秩序及安全的角度来看，承认商事营业所有权，确实能够在一定程度上化繁为简、加快交易速度进而完成交易，但势必会留下难以想象的隐患。如果承认营业所有权，那么在营业转让的场合，只需要完成营业转让的所有权登记即

[①] 迪特尔·施瓦布著：《民法导论》，郑冲译，法律出版社2006年版，第621—623页。
[②] 鲍尔·斯蒂尔纳著：《德国物权法》，张双根译，法律出版社2006年版，第515页。
[③] 在我国的商事实践中，房屋等不动产作为商事营业之构成要素已称为商人的惯常做法。在古代，铺底权中的必要构成要素铺底也被看作是一种不能轻易解除的不动产物权。

告交易完成，但这却无法解释为何作为营业之构成的其他不动产元素还存在其他不动产登记结果，我们必将追问，两种不动产登记结果究竟以哪一个为准？可以预见，承认商事营业所有权，将对整个交易秩序及安全带来可怕的后果。

从所有权取得方式来看，赞成商事营业所有权概念的学者认为，营业所有权可以通过商人的创设行为而获得。[1]众所周知，所有权的取得分为原始取得与继受取得，原始取得又分为先占、拾得遗失物、发现埋藏物、舔附以及善意取得物等方式。那么，商事主体通过创设行为而取得所有权究竟属于上述哪一种方式呢？如果是原始取得，作为其构成要素的机器、厂房、产品等前置所有权的存在又可做何解释？我们是否能在所有权之上，再行创设所有权？这些问题的答案显然是否定的。也有学者认为，营业是商法上的特殊概念，不宜用民法思维来解释，因其超出了物权的特定规则。[2]这种观点也许正确，但适用在民商合一的我国似乎并不妥当。法律概念的同一性与严谨性暂且不论，但具体法律规则的创设不能影响市场最基本的交易秩序。在我国具体的规范体系中，商法如果独立运行一套自己的商事规则，如商事所有权、商事用益物权、商事交易规则等制度，必将造成交易秩序的紊乱，造成严重的后果。

三、本文的理解与应用

根据上述分析，笔者认为，商事营业所有权的概念仅仅是一种特殊的支配权，而非真正意义上的所有权。在这个基本认识上，我比较赞同腾晓春博士的观点"营业所有权是一种观念上的所有权，而非法律意义上的所有权"。[3]这种概念的提出虽然有悖于传统民法物权概念的一贯逻辑性，但它的存在并非毫无意义。只要我们正确认识营业所有权的真正本质，以此为逻辑起点，构建正确的营业转让相关制度，便可以弥补其在称呼上的天生瑕疵。正如博登海默所说的那样，"没有限定专门的法律概念，我们便无法真正的理性思考问题。"[4]

---

[1] 张民安：《商法总则制度研究》，法律出版社2007年版，第335页。
[2] 任先行主编：《商法总论》，北京大学出版社2007年版，第262页。
[3] 腾晓春博士认为，从严格意义上来说，营业所有权概念以及企业所有权概念，都只是一种观点上的所有权，而非法律意义上的所有权，这些概念不实严谨、准确、科学的法律概念。参见滕晓春："营业转让制度研究"，2008年中国政法大学博士论文。
[4] 博登海默：《法理学：法律哲学和法律方法》，邓正来译，中国政法大学出版社2004年版，第504页。

本章小结

营业是现代商事实践发展而来的概念，国内外通说认为，"营业"一词可区分主观意义上的营业和客观意义上的营业。主观意义上的营业是指营业活动；而客观意义上的营业是指营业财产。在营业转让的场合，则运用的是客观意义上的营业概念。

营业转让的客体是客观意义上的营业，它之所以可以成为转让的客体，是因为营业具有功能上的完整性、相对独立性、持续波动性以及财产上的特殊性等特征。营业是商事主体在客观上组织化了的有机的财产集合体，就构成要素而言，它包括有形构成要素和无形构成要素，其中，无形构成要素除了包括各类债权、商标、专利等工业版权外，还包括了顾客群等具有财产性质的事实关系。这些要素通过一致性的目的，有机结合在一起，从而形成了本书中使用的营业概念。

在我国的规范体系中，营业转让区别于企业转让。在我国企业是被赋予民事主体资格的概念，而营业不然。相比较而言，企业所有权的概念是现实存在的，它的权利主体是企业本身，而客体则指向企业所包括的有形财产；然而，营业所有权的概念并非一个真正的所有权，而是一个观念上的所有权，不产生所有权的法律效果。在本质上，营业所有权仅仅是一种特殊的支配权。

第四章 营业转让的基本价值与实践形式

第一节 基本价值

营业转让及其相关制度作为民商法中的一项具体制度，其重要功能和基本价值体现什么，是比构建相关逻辑体系更为首要的任务。一般而言，营业转让首先表现为商事主体为改变生产经营策略而进行的一种转让行为。在一个具体的经营转让中，营业的受让人可以通过营业的继受，直接从事相关行业的营业经营，而勿须花费大量的人力物力投入到筹备工作中去，此即为受让人的一大便利。而营业的转让人，则可以通过对整体营业的转让，改变自己的经营策略，同时获得一大部分启动资金，补充资金链条，从而强化企业竞争实力。由此，营业转让的基本理念与普通的商品交易基本无差别，但是从更深层次的角度思考，营业转让的基本价值可简单概括为：交易自由、效率保持以及企业生存等方面。

一、营业转让的"人本位"体现——交易自由

从哲学上来看，人人生而平等，每个人都有追求自由、获取兴趣、追逐财富的权利，这一哲学思想为任何哲学学派所公认。哲学上的个人主义又衍生出了经济学上的自由主义，以亚当·斯密为代表人物的自由主义经济学派认为，每一个人作为个体上的"经济人"，都受到一只看不见的手驱使，因此，最佳的经济政策就是自由主义经济。客观而言，营业转让在本质上又是一种市场交易行为，因此，在这个过程当中理应遵循市场交易规则，而在这些规则中，交易自由又是最为核心的。从历史逻辑学角度出发，交易自由原则产生于经济学上的经济自由主义，而经济自由主义又间接地源自哲学上的个人自由主义，因此，可以这样说，营业自由最好的"人本位"体现，就是交易自由。

有学者认为，交易自由在商法中的核心体现为三个方面：合同自由、市场自

律以及营业自由。①这三个方面的内容恰恰可以转述为：当事人可以自由地选择交易对象、交易时间、交易内容以及交易方式，只要在不违背强制性法律、法规的前提下。可见，交易自由与营业转让及其自由联系紧密。

合同自由原则是营业转让的先决性条件。从形式及内容上看，契约自由与经济自由非常相似，主要都涉及两个方面：即当事人意思自治与不违反强制性规定。为什么说契约自由是营业转让的先决条件呢？原因在于，营业转让作为市场交易的一种特殊类型，基本都是通过订立合同的形式来实现，在订立合同的过程中，双方当事人可以自由磋商，就交易条件及交易方式的实现表达自己的意愿，所以，合同自由原则是营业转让的前提性要件。

除此之外，营业转让暗含了营业自由，是国家经济体制具有开放性和包容性的具体体现。前已述及，营业转让体现了"人本位"的人文需求，同时，营业转让制度的确认也是国家经济体制具有包容性的最佳佐证。谢怀栻教授认为，营业自由包括三层构成要素：即开业的自由、停业的自由以及交易的自由。②就营业转让而言，基本上全部覆盖了营业自由的所有构成要素。首先，营业转让首先表现为受让人继续从事营业的自由，此即为开业的自由；其次，营业转让又表现为转让人改变经营策略，暂停或停止营业的初衷；最后，营业转让本质上是一种市场交易行为，因此也符合交易自由的精神。

二、营业转让的制度基础——效率原则

"时间等同于金钱，效率胜过生命"这句话形容商事交易一点也不为过。在现代商事交易中，竞争程度日趋激烈白热化，每笔交易的促成都力求高效，最大限度的实现营利效益。王卫国教授直言，"以企业产权为单位的财产流转是一种高效的财产流转"，③尽管，企业财产的流转不完全等同于营业转让，但其遵循的基本理念与价值仍是一致的。

营业转让制度既然根植于市场经济，就必然遵循市场效率原则。在具体的营业转让个案中，出让人因出让营业而获得充足的资金进行企业发展的再规划、谋求经营策略的转变，以在激烈的竞争角逐中立于不败之地。相对而言，营业的整

---

① 参见滕晓春："营业转让制度研究"，2008年中国政法大学博士论文，第53页。
② 谢怀栻：《外国民商法精要》，法律出版社2006年版，第257页。
③ 王保树主编：《商事法论集》（第三卷），法律出版社1999年版，第42页。

体转让比构成营业元素的单独出售,更具市场效率;而对于受让人而言,受让人通过受让营业而获得直接参与经营的资格,这一过程大大缩减了受让人为参与营业而进行的筹备工作及时间,并且可以通过较快参与经营的先机,在新产品研发及生产上大做文章,以增加自身竞争力,这无疑也是效率高效的体现。

第二节 营业转让及其规范体系

在现代社会中,随着社会体系的不断成熟与各种价值、理念的不断交叉,传统私法中被奉为首要原则的私法自治原则受到不断的冲击与挑战。与此相对应,营业自由在现代商法中绝非完全自由,质言之,包括营业自由的三项基本内容[①]在内的(即开业的自由、停业的自由以及交易的自由),在每一个参与的环节都应该收到来自公共政策及法律法规的限制。从本体论出发,营业当须受到营业形成的限制与营业形式的限制,[②]这是由事物的本体论决定的。与其类似的观点还包括吴建斌教授认为的"营业自当受到来自营业活动本身的限制以及营业活动方式的限制"。[③]有鉴于此,有学者运用抽象思维将营业受到限制的具体规则加以概括抽象,称之为"营业合法原则",[④]也并非没有道理。

就此,在基于营业转让的有限性达成的共识的前提下,营业转让的具体内容包括开业的自由、停业的自由以及交易的自由,都应当受到来自现有规范体系的限制。这些规范既包括公法规范,也包括私法规范,具体而言,有公司法、行政许可法、反垄断与不正当竞争法,劳动法以及消费者保护法,等等。

一、营业转让与反垄断法

市场经济与垄断行为是一对联系甚为紧密的概念。在市场经济体制下,垄断行为的出现是一个必然的结果,而非可能的结果。因此,在许多奉行市场经济体制的国家中,垄断与反垄断都占据极其重要的地位。例如,在美国,反垄断法被称为自由企业大宪章,这是一个至高无上的地位,与人权并列。在日本,反垄断

---

① 谢怀栻:《外国民商法精要》,法律出版社 2006 年版,第 257 页。
② 王保树主编:《中国商事法》,人民法院出版社 2001 年版,第 66-67 页。
③ 吴建斌:《现代日本商法研究》,人民大学出版社 2003 年版,第 83 页。
④ 任先行:《商法总论》,北京大学出版社 2007 年版,第 266-267 页。

法又被称为经济宪法。反垄断法作为规制垄断、限制竞争的法律规范，其主要目的在于保护市场主体平等参与市场竞争、保护消费者合法权利以及维护市场交易秩序等，其主要内容包括：滥用市场支配地位、限制竞争协议、企业合并、垄断及行政垄断等行为。因此，在一些国家，反垄断法被看作是惠及民生的重要法律，原因在于：反垄断法控制大小企业之间的生存与竞争关系，在适当的时候，对中小企业进行倾斜性的保护，有利于社会经济的良好发展与稳定。

那么，营业转让与反垄断究竟是什么关系，将受到哪些限制呢？众所周知，企业合并是垄断的一种手段，受到反垄断法的规制。相比较而言，营业转让客观上也可以产生经营集中的效果，唯一的不同是，营业转让并不产生法律上企业合并的效果。因此，就客观效果而言，营业转让也理应受到反垄断法的限制及规范。

二、营业转让与劳动合同法

营业转让的一个重要法律后果是劳动合同法律关系的继受，这是一个涉及劳动者就业问题的重要关注点，也是商事法律制度与劳动合同法的偶然交叉点。一般而言，在普通的营业转让中，员工的劳动合同关系随营业的转让而转让，但由于劳动合同关系具有很强的人身属性，因此，并不发生当然转让的法律效果，这就需要受到劳动合同法的调整。劳动合同关系的转让，一方面有助于受让人快速储备人才，另一方面也有利于劳动者的连续就业与社会稳定。但事实并非仅仅如此，营业之受让人常常因为经营需要而进行裁员，这就可能涉及营业之继受的劳动合同关系的处理，而这在现实生活中是一个非常重要且棘手的问题。因此，营业转让也要受到来自劳动合同法的限制。

三、营业转让与公司法

公司法是商法的重要组成部分，也是对营业转让进行限制的核心法律之一，其通常体现在合并、公司对外投资、关联交易以及重大资产出售等方面。在商事实践中，营业转让的方式并非唯一，它可以通过重大资产出售以及对外投资等公司行为进行，在此情形下，营业转让应当受到公司法的规制与调整。

四、营业转让与行政法

营业转让虽然是商法中的特殊制度,但其也关涉到社会生活的方方面面,如民生、公共安全、食品安全以及特殊行业许可等。在一些特许经营行业包括危险品经营业、食品药品生产、银行业、保险业以及电信、矿产等诸多行业都需要国家相关管理部门的许可才可以进行经营。因此,在涉及这些行业的营业转让中,并不当然的发生转让的效果,除此之外,还应当获得相关管理部门的审批。

第三节 营业转让的性质及实践表现形式

一、营业转让的性质

关于营业转让的法律性质,是一个争论颇多,分歧也较多的学术难题。日本学者大隅健一郎认为,[①]所谓营业是指物和权利以及抽象事实关系相结合的有机财产整体,而营业的转让则是以营业财产的概括转让为基本目的的债权契约关系,此说也被概括称为"营业财产转让"说。也有学者认为,营业的本质不是具象的财产,而是抽象的组织,并且组织与其构成要素呈"主从物之关系"。[②]相比较而言,单纯从客观效果上来看,营业转让的完成,实际上是实现了营业之控制人的改变,[③]即受让人通过继受营业而称为营业之控制管理人,这一学说又被称为"客观效果说"或者"交替说"。值得一提的是,此说与"企业地位承继说"观点十分相似,只是更为具体的将替代的角色的主要内容加以列举。[④]

综上所述,关于营业转让的法律性质大致可分为两大阵营,即关注营业本身

[①] 大隅健一郎著:《商法总则》(新版),有斐阁昭和五八年一月版,第300页;腹部荣三著:《商法总则》,青林书院一九八八年版,第401页。转引自滕晓春:"营业转让制度研究",2008年中国政法大学博士论文,第59页。

[②] 石方正雄认为,营业的本质在于抽象组织,而不是具体的营业财产。所谓的组织并不包含营业之构成要素的各个具体财产,而是一种与营业分离仍可以继续独立存在的抽象组织。这些组织的核心价值体现为顾客群,其他构成要素相对于组织而言,不过是从物。参见石方正雄:《商法学总论》,有斐阁昭和二七年版,第191页。

[③] 高窿喜八郎著:《改定商法总则》,法律评论折昭和三年版,第249页。

[④] "企业地位承继说"认为,所谓的营业转让只不过是将以下四层意义的企业角色一并承继的法律关系:包括企业财产所有人地位、企业权利义务归属、企业收益归属以及企业决策首脑地位。

第四章　营业转让的基本价值与实践形式

的观点和关注交易本质的观点。前者主要包括"营业财产说"以及"营业组织说",他们更为关注的是营业转让本身之客体的特征及属性问题;而后者则主要包括"交替说"与"企业地位承继说",这类学者则更为关注营业转让客观上产生的实际效果。日本著名教授腹部荣三坚持的营业财产说,[1]认为研究营业转让的重点在于关注营业之客体,这也称为日本学界的通说。相比之下,法国学者的研究则较为务实,他们只关注营业转让的本质是商行为及其现实的客观效果。[2]

与其他的国家关于营业的大致分类相同,我国大多数学者也认为主客观相区分的分类标准,并且将营业转让之客体视为客观意义上的营业。[3]事实上,主观意义上的营业是指营业活动,那么,主观意义上的营业是否也能成为营业转让的客体呢?日本学者认为,营业活动也能成为转让客体,[4]只是主观意义上的营业具有一定的附随性。本书的观点是,营业转让的本质既包括以营业财产为目标的转让,也具有转让营业活动的属性,即"主客观相结合说"。原因在于营业活动的构成本质上是由一个个客观行为堆积而成,而这些行为的实施依附于营业财产,也就是具体的构成要素,因此,在营业财产发生转移的同时,主观意义上的营业活动事实上也发生了转移,只不过人们无法感知罢了。除此之外,另一个强有力的说服点在于,营业转让后出让人的竞业禁止义务,其具体内容包括出让人在一定的时间、一定的区域不得从事相同种类的营业活动,这也印证了营业转让的真实标的其实是客观意义上的营业与主观意义上营业的结合体。

---

[1] 腹部荣三著:《商法大要》,劲草书房1980年版,第344页。转引自滕晓春:"营业转让制度研究",2008年中国政法大学博士论文,第60页。

[2] 法国在较早的时候,就通过判例确立了一项原则,即营业资产的转让行为为商行为,并一直沿用至今。参见depuis, Cass. req., 12 déc. 1911, Dalloz périodique 1913, 1, p. 123, note Feuilloley - v. plus recemment, Cass.
com., 15 oct. 1968, Bull. civ. IV, n° 269 - Cass. com., 8 juin 1993, Bull. civ. IV, n° 228; Revue trimestrielle de
droit commercial 1993, p. 486, n° 2, obs. J. Derruppé.

[3] 这一观点为大多数学者所接受。参见谢怀栻:《外国民商法精要》,法律出版社2006年版,第257页;王保树主编:《中国商事法》,人民法院出版社2001年版,第61-62页;梁上上、李国豪:《商号法律制度研究》,法律出版社2014年11月版;徐强胜:《商法导论》,法律出版社2013年版,第275-278页。

[4] 鸿常夫:《商法总则》,弘文堂1999年版,第121-123页。

二、营业转让的类型化区分

一般而言，依据不同的划分标准，可以得出不同的结论。但是在营业转让的所有情形中，我们仅能够作出初步的类型化划分，原因在于营业转让在实践中的变化形式层出不穷，给类型化研究带来了不小的麻烦。

（一）狭义与广义的营业转让

所谓狭义的营业转让，是指双方当事人通过和平磋商，就交易标的——也就是营业的整体出售金额协商一致，并且对营业转让的其他相关法律后果进行明确约定并实施的行为。狭义营业转让的后果是受让人获得作为交易标的的整体营业，同时并支付合同对价，出让人协助受让人完成商事营业资产的转移登记。广义的营业转让除了包括狭义的营业转让之外，还将营业的无偿赠与及继承，营业租赁、营业担保等衍生情形纳入其中，形成一个复杂多变的综合体。需要指出的是，本书的研究对象主要是狭义营业转让，也就是纯粹的营业转让。

（二）营业资产的完全转让与不完全转让

完全转让是指营业资产的全部转让，不完全转让是指营业资产的部分转让。对于商主体的全部营业资产而言，既可以进行营业资产的完全转让，也可以选择不完全转让。

顾名思义，营业资产的完全转让与不完全转让最重要的区分在于营业资产的完整与否，但这并不等于营业资产所发挥的营业效用。与营业资产的完全转让不同，营业资产的不完全转让客体仅仅是商主体的部分营业财产，但这并不等同于存在营业财产的转让就是营业转让，这里的关键在于：转让的客体是否具有相对独立性。进言之，商主体的财产转让是否构成营业转让，主要在于转让的财产客体是否具有商主体内部经营和管理的相对独立性——作为转让客体的这部分财产与其他营业资产相分离后，若能继续发挥营业功能，那么就能够称为营业转让的客体。例如，企业某种特殊产品的生产线以及企业在某一地域的分支机构等。

在区分营业资产的完全转让与不完全转让时，应特别注意把握营业转让与股权转让的区别与联系。正如卡纳里斯教授所说的那样，营业的转让与股权的转让虽然在经济效果上目的相似，但在法律上则呈现完全不同的过程与结果。[①]在股权转让的过程中，股东、公司、公司财产三者形成递进的层级关系。具体而言，股东投资设立公司，对公司享有股权，但却不能直接支配公司财产；公司具有独立的法人资格，享有法人财产权，独立对外承担债务。因此，股权转让与营业转让分别发生在不同的层级关系之中，主体与客体存在明显的界分。一方面，股权转让发生在"股东与公司"之间的第一个层级关系之中，主体是股东，客体是股权，并不直接与公司财产发生关系；另一方面，营业转让发生在"公司与公司财产"之间的第二个层级关系中，主体是公司，客体是公司独立享有财产权的营业资产，这个过程与股东并不发生直接联系。除企业法人的股权转让外，在我国的民商法实践中，还存在合伙企业的财产份额转让与个人独资企业的股权转让以及个体工商户的财产转让等。与股权转让类似，合伙企业的财产份额的转让发生在"合伙人与合伙企业"之间的第一层级关系之中，转让的主体是合伙人，客体是财产份额，并不与合伙企业的财产发生关联，这一点显著的与营业转让相区别。值得一提的是，在个人独资企业场合，投资人、企业、企业财产三者之间仅具有"投资人与企业财产"之间的关系，[②]因此，在个人独资企业中，股权转让与营业转让实际上发生重合，在实际效果上并无二致。在这一点上，个体工商户与个人独资企业极其相似。

（三）商事实践中营业转让的具体表现形式

1.企业整体转让中的营业转让

企业整体转让不同于企业转让，前已述及，营业转让不是企业转让，这是两个完全不同的法律概念。那么，所谓的企业整体转让实质是什么呢？客观上，企业的整体转让是指企业以其名义将自己所有的整体营业转让于受让方的行为，是一种完全的营业转让。在许多国家的商法典中，都规定了企业整体出售与企业整体转让的情形，如《德国商法典》中的企业转让、《俄罗斯民法典》中的企业出售、《澳门商法典》中的营业转让等，[③]这些行为都是本书所要研究的对象——即

[①] 王文胜："论营业转让的界定与规制"，载《法学家》2012年第4期，第104页。
[②] 参见2000年1月1日施行的《个人独资企业法》第17条："个人独资企业投资人对本企业的财产依法享有所有权，其有关权利可以依法进行转让或继承。"
[③] 郭娅丽：《营业转让法律制度研究》，法律出版社2011年版，第63页。

营业转让。除此之外，在我国的商事实践中，许多我国的特有情形也都属于营业转让范畴，例如国企改制中的企业出售、产权转让等。

2.不完全转让中重要部分转让与营业转让

在商事实践中，企业的重要部分转让属于不完全转让范畴，对于重要部分转让是否构成营业转让的判断标准，学界仍然存有争议。

在赞成以数量比例为衡量标准的学者中，他们倾向于将出售部分占的总资产比、固定资产比、销售额占比以及从业人员的比例作为衡量是否达到营业转让的标准，但具体比例的划分并未达成一致。例如，在日本商法中曾经出现的一个判例。[①]在这个案例中，A 公司将其中一部分商业成熟的事业部分转让给 B 公司，而转让部分的事业部分仅占总资产比例的 10%（其中固定资产占 50%），销售数额忽略不计，且所有从业人员随之一起转让给 B 公司。有学者批评到，[②]仅占总资产比例的一成并不能认定其重要部分的属性，质言之，由于转让的事业部分占比较小，对公司整体的存续及发展都不能产生较大影响，因此，总体上应该持反对态度。客观上，单纯以数值及所占比例来判断似有绝对化以及不合理之嫌。在公司的生产经营过程中，事业部分的所占比例并不必然与营业收益以及对公司的重要程度成正比。进而言之，可能某些公司的部分占到总资产比例较大，但其转让或撤销并不会对公司的未来收益与整体经营带来麻烦；相比之下，某些转让对象即便所占比例较小，也有可能对企业收益带来巨大影响。

相比较而言，营业的严格判断标准则显得更为准确和灵活。在这个判断标准中，首先需要对转让部分的属性进行确认，即是否构成营业。根据营业的概念及特殊属性，针对转让部分的判断不能简单从数量以及总资产占比进行衡量，而要进行具体考察。一方面，转让部分的财产应该是一个能够独立开展经营活动的财产集合体，另一方面，这部分财产还应当满足营业的几大特性，即功能上的完整性、相对独立性、持续波动性以及特殊财产性。除此之外，倘若重要部分的转让构成营业转让，还将产生竞业禁止等一系列法律效果，如主让人的竞业禁止义务、受让人对劳动关系的承继，等等。

客观上，企业重要部分的转让是否构成营业转让的判断是十分重要的。因为，往往重要部分的转让，涉及与其他部分财产的关系，是否构成营业资产的认定涉

---

① 山下真弘：《会社営業让渡法の法理》，信山社出版株式会社 1997 年版，第 168 页。
② 李哲松：《韩国公司法》，吴日焕译，中国政法大学出版社 2000 年版，第 396 页。

及股东会和董事会职权范围的划分，对公司股东及债权人影响巨大，因此，各国公司法历来都比较重视使用规制这个问题的合理手段。

3.商号转让与营业转让

在企业的长期经营活动中，商号是一个非常重要的企业识别标识，它同公众人物的名字一样，具有一定的宣传价值及财产价值。对于商号的概念与识别，从规范角度观察，在理解上存在细微的差别。例如，在《德国商法典》中，[①]商号是指企业经营商业的名称，可见，企业名称并不完全等同于商号；又如，美国法认为，[②]无论是企业名称还是商品名称，只要其具有商业价值，就属于商号范畴；我国台湾地区则较为严谨，认为商号即登记注册的商事主体名称；相比较而言，我国《企业名称登记管理规定》认为，商号即字号，是一种区别于其他商事主体，与行政区划、行业、组织性质一起构成企业名称。[③]可见，商号一词的使用在各国立法上虽有着细微的差别，但也有着共同的特点，即商号具有商事主体识别功能，且通过识别功能承载了一定的财产属性。

在具体的商事实践中，商号的转让表现为受让人继续使用的营业名称与转让人之前使用的营业名称一致，这是最一般化的认定规则，但并非绝对。在实际转让中，往往通过"核心部分一致"[④]规则来认定商号是否发生转让，这在实践中表现为四种具体情形：第一，转让的前后商号均具有行业文字且表述相同，但组织形式不同；第二，行业文字表述不同，但意义相同；第三，转让前后商号不含行业表述的，字号相同，组织形式不同；第四，不含行业表述，字号相似，组织形式不同。因此，综上所述，只要营业转让受让人继续使用的营业名称核心部分没有发生变化，即使组织形式上发生了改变，也可以认定商号发生了转让，这种观点在德国联邦最高法院的判例上也有所体现。[⑤]

[①] 参见《德国商法典》第17条规定："商人的商号是进行其营业的和进行签名的名称。"
[②] 程合红："商事人格权论"，中国政法大学2001年民商法博士论文。
[③] 参见我国《企业名称登记管理规定》第6条、第9条。
[④] 郭娅丽：《营业转让法律制度研究》，法律出版社2011年版，第67-68页。
[⑤] 一个名为K.R.的金属加工有限公司的企业陷入财务危机，没有启动破产程序，但在商事登记簿登记了解散。然后，一个此前就以K.R.有限商事合伙为商号的合伙企业继续经营该有限责任公司的营业，继续使用原来有限责任公司承租的经营场地，部分员工以及机器设备，并且保留了原电话号码、邮政编码以及商号徽章等。后来，一个原有限责任公司的债权人提出诉讼，德国的三级法院都判决债权人胜诉，原因是，合伙企业承继了有限责任公司的营业并且使用了原商号，满足《德国商法典》第25条第1款第1句的责任构成。参见C.W.卡纳里斯：《德国商法》，杨继译，法律出版社2006年版，第158-160页。

当然，商号的转让并非等同于营业就一定存在转让。有学者认为，关于商号转让与营业转让的关系应当采用"相对转让说"，[①]支撑这种观点的一个很重要的原因是维护交易自由原则，当事人是否就商号发生转让具有完全的意思自治。但笔者认为，这种观点在中国的商事实践中值得商榷。在我国现有的关于营业的通说认为，顾客群是营业的核心构成要素，也是营业产生超价值的关键因素。而商号是顾客群识别商事主体的重要标识，如果认为营业转让可以与商号发生相对分离，那么这就在逻辑上产生了营业与顾客群的相对分离，因此，在理论上，营业转让与商号的相对转让说是缺乏理论根据的。除此之外，营业与商号的相对分离还可能对交易安全产生一定的破坏影响。

4.商铺租赁权与营业转让

本书所指的商铺租赁权是指承租人对商铺租赁合同期满之后继续承租的权利。我国现有法律体系中，虽然没有规定承租人的优先续租权，[②]但其在商事实践中是一个广泛存在且极易产生纠纷的权利。在许多地区的实践中，承租人租约期满后，可将继续租赁的权利让与他人，从而获得一定的转让费用，其在法律效果上与我国古代的铺底权与外国商法上的续租权非常相似。

从历史考察的角度出发，铺底与续租权是一对联系极为密切的概念，尽管二者在产生时间上相去甚远。[③]铺底是相对于铺底权的概念，它特指铺东通过支付顶费而获得的对商铺永久使用的权利。铺底权是一种对所有权限制极大的物权，铺东可以按照自己的经营需要对商铺进行改造利用，是一种典型的保护商事承租人经营增值的权利。依据谁投资谁受益的原则，铺底的经营利益应当归属于铺东而非商铺的所有权人。具体而言，商人之营业需要有形构成要素和无形构成要素，其中有形构成要素又分为不动产与动产，如果营业一旦因为所有权人的因素而停止或暂停，那么，营业除可移动者外，一概陷入无用之地。因此，铺底权重在限制所有权人之所有权而发挥铺底之最大经营功能。

[①] 有学者认为，营业与商号的转让应当遵循当事人的意思自治，当事人可以在合同中自由约定商号是否发生转让。参见郭娅丽：《营业转让法律制度研究》，法律出版社2011年版，第69页。

[②] 在我国现有法律体系中，仅规定的承租人的优先购买权，尚未规定承租人的租赁权。

[③] 据考察，我国铺底权概念产生于明清时期，一直延续到20世纪中期；而续租权是一个域外法概念，其产生与20世纪中叶。参见金伏海："续租权之比较"，载《比较法研究》2006年第4期；谢振民：《中华民国立法史》（下册），中国政法大学出版社2000年版，第748页。

第四章 营业转让的基本价值与实践形式

相比较而言，续租权（也有学者翻译为租约续展权），是指承租人在合约届满之后，要求续租的权利。续租权的产生是承租人与出租人利益博弈的结果，在一些侧重于保护承租人利益以及商事营业的国家，法律都明确规定了此项权利，例如，法国、意大利、荷兰以及日本。具体而言，在法国法上，营业转让的相关法律制度经过了漫长了发展过程，[①]租约权虽具有营业资产构成要素之地位，但租约续展权则在特定的历史背景下产生。[②]客观上，租约续展权对房屋的所有权进行了极大的限制，但这种限制又并非绝对的限制，在这一点上不同于我国历史上出现过的铺底权。铺底权的相关规则使铺东在期限上具有绝对控制权，可以无限期地对商铺进行使用；而租约续展权则相对委婉，它相当于对所有权人赋予了一个选择的权利，然而，选择的范围即要么同意续租、要么进行赔偿。在日本、意大利、瑞士等国家，立法规定租约续展权的行使需要满足一定的条件，根据不同的条件又明确不同类型的续展权。[③]

前已述及，租约权是营业资产的无形构成要素，而租约续展权虽不同于租约权，但它本身却与营业的转让联系紧密。在商事实践中，租约续展权与营业转让的关系表现在三种不同类型的情形中：其一，租约续展顺利完成，营业不发生转让的情形；其二，租约续展权遭到拒绝，但所有权人对承租人所遭受的固定资产及营业损失进行补偿，在此情形中，承租人的利益受到一定的损失，然而所有权人也未必有利可图，但是，在这个过程中，承租人的营业可能发生事实上的转让，[④]尽管不存在营业转让合同的契约基础。其三，租约续展权遭到拒绝，然后所有权

[①] 在法国法上，"fonds de commerce"一词被国人翻译为铺底。铺底一词在最初仅指代货物，商人的机器或工具。法国大革命之后，相关判例确定铺底的构成要素，包括经营工具物质上的所有权与精神上的所有权（即商业信誉）。在此之前，对营业概念的理解一直存在误区。直到19世纪末，立法机关认识到营业资产是有机结合的财产整体，才陆续制订了关于营业资产的法律，例如营业资产抵押法、买卖法以及租赁法。参见沈达明编：《法国商法引论》，对外经贸大学出版社2001年版，第46页。

[②] 租约续展权产生的历史背景是，"一战"后建筑物大量毁损，引发不动产危机，房屋所有权人相对于承租人具有明显的优势地位，在此背景下，为了维护商事营业开展的稳定秩序，增加人们从事营业的信心，保护承租人的合法权利，必须对承租人的租约续展权进行明确的确认。当然，租约续展权并非绝对续展，房屋所有权人仍然可以拒绝续展，但需要对承租人产生的损失进行补偿。

[③] 在学理上，租约续展权包含推定延长、司法续租和法定续租三种情形。参见李政辉："商事租赁的制度证成与内部机理"，载《商事法论集》（总第15卷）。

[④] 这种转让并非基于合同行为产生，而是一种事实上的转让。其构成条件包括：承租人享有营业；续展权遭到拒绝；承租人未将营业终止或转移。值得注意的是，此时所有权人的基于收回租约权的补偿并非事实上营业转让的必备条件。

人将商铺租赁给第三人,在此情形中,第三人可能事实上成为之前营业的受让人。与前一种情形类似,其构成要件仍然包括:承租人享有营业、租约续展权遭拒、承租人未将营业终止或转移。

可见,租约续展权对营业的维持至关重要,这在学理上也可得到验证。①众所周知,无论在将营业视为动产的法国,还是其他国家和地区,租赁权都是营业资产的重要构成要素。承租人将经营场所投入使用后,与其他营业资产的构成要素一起形成了组织化的有机财产统一体,各个构成元素通过这种结合都产生了大于自身价值的超价值,因此,如果承租人不能对营业的经营场所进行租约续展,抑或不能将自己的经营场所的租赁权连同其他营业财产一同转让于受让人,都将会对承租人产生巨大的损失。其损失产生的直接原因,便是顾客群的流失。②

5.特许经营与营业转让

特许经营(franchising)是一种特殊的经营模式。从规范体系出发,③特许经营即商业特许经营,是指特许人以合同形式将自己拥有的经营资源许可给他人使用,被特许人按照合同约定从事经营活动并支付特许经营费用的模式。这一概念的阐释符合我国商事实践发展的阶段性特征。④

在商事实践中,一般而言,特许经营的双方当事人都具有独立的民事主体资格,承担独立的民事责任和经营风险。对于特许经营合同标的的性质认定,学界存在不同观点。日本学者的观点认为,特许经营合同的标的在本质上是一种可以销售的整体规划或者计划。⑤其关键在于特许人掌控了经营活动的核心资源,例如知识产权、秘制配方等,并且将其作为标的许可他人使用以获取合同对价。赞成

---

① 租约的续展对营业的维持至关重要。在"高卫中与广州皇威食品有限公司房屋租赁合同纠纷案"中,法院认为承租人皇威公司在第二次续约以及第三次续约时缴纳的顶手费,应认定为对租金的补偿。二审法院也对此观点进行的确认。参见刘继承:《商业地产租赁典型案例研究》,中国法制出版社2014年版,第93页。

② 张民安:《商法总则制度研究》,法律出版社2007年版,第392页。

③ 参见2007年5月1日实施《商业特许经营管理条例》第3条规定:"本条例所称商业特许经营是指,拥有注册商标、企业标识、专利和专有技术等经营资源的企业,以合同形式将其拥有的经营资源许可其他经营者使用,被特许人按照合同约定在统一的经营模式下开展经营,并向特许人支付特许经营费用的经营活动。"

④ 现阶段的商业特许经营已经将以往简单的产品销售许可等经营模式分离出去,现在的特许经营从概念上理解仅仅指有关经营权的特许经营。

⑤ 日本特许经营连锁协会将其定义为:被充分组合的一系列或者作为一个整体的规划或计划,是进行了详细而充分的准备作为完整的服务体系直接提供并能以一定的价格进行销售。

第四章 营业转让的基本价值与实践形式

"产权说"的学者则认为特许经营权的合同标的在本质上符合产权的特征。①相比较而言,笔者倾向于"产权说"是一个纯粹经济学的概念,不能揭示特许经营在民商法角度的内涵,而日本学说的观点在表述上与"特殊知识产权说"非常类似,其核心在于明确了特许经营的客体不是单一的权利,而是一个权利束与经营模式相结合的综合体,除此之外,它还具有垄断、排他的性质。这一点也在俄罗斯民法典的"专有权综合体"的表述中有所体现。②这一系列的表述,无不表明这个特许经营权的客体就是商事实践中的营业资产,特许人将其许可给被特许人使用而收取使用费用的行为,本质上可被视为一种事实上的营业转让。

在确认特许经营行为可被视为事实上的营业转让的前提下,我们还应当了解特许经营行为本身的其他特征。第一,特许经营合同是一种继续性合同。这与真正的营业转让合同不同,营业转让合同不存在继续的属性,它具有一次性转让、一次性交付的特征。而特许经营合同的期限一般较长,我国特许经营合同的法定期限不少于3年。③这是因为特许经营行为的实施需要在合同规定的期限内连续实施,而非一次性给付完成,在这个过程中,特许人应当按照合同约定向被特许人提供持续的指导和帮助。④第二,特许经营的标的具有权利束的特征。所谓的权利束是以知识产权为核心的商业要素的有机结合体,正是由于知识产权具有可复制、可排他的特点,才使得特许人有可能通过对商业要素的复制与经营模式的利用进行对价高昂的转让。同时,这对被特许人而言,也是一种高效的盈利模式。除此之外,有学者还认为,特许经营合同除了是一种继续性合同,更是一种格式合同。⑤事实上,这种观点的认识太过绝对,值得商榷。持此观点的学者认为,特许人作为专有权利综合体的权利人,掌控着有关特许经营的信息优势与资金优势,一般会聘请专家及律师进行风险排查,制定有利于自己的合同条款,从而形成其后的合同模板,供多次使用。然而,即便大多数情况的确如此,我们也不能完全排除

---

① 余冬爱:《特许经营商事法律制度研究》,法律出版社2010年版,第60-61页。
② 参见《俄罗斯联邦民法典》第1027条规定:"依照商业特许合同,一方权利人应向他方提供经营活动中属于权利人的专有权综合体,包括权利人的商业名称或商业标识,受保护的商业信息权以及合同规定的专有权的其他客体,如商标等。"
③ 参见《商业特许经营管理条例》第13条规定:"特许经营合同约定的特许经营期限应当不少于3年。但是,被特许人同意的除外。"
④ 有学者认为,特许经营合同的长期性是由合同双方的组织性决定的,合同双方当事人都具有同一个经济目的,他们之间不仅是一种合同关系,更是一种组织体关系。参见栾志红:"关于继续行合同的几个问题",载《法学论坛》2002年第5期。
⑤ 郭娅丽:《营业转让法律制度研究》,法律出版社2011年版,第76页。

有部分不那么具有优势地位的特许人,在特许经营的初期,为了减少交易成本,通过与被特许人进行磋商的方式订立合同的可能性,因此,这在书面表述上是不严谨的。

第四节　法规范视角下营业转让制度的比较考察

一、部分重要国家和地区的法规范考察

(一)德国、日本和韩国的法规范考察

营业转让的概念及其相关制度在德国民商法规范体系中,是一个司法重于立法的概念。之所以作出这样的判断,一个很重要的原因是因为《德国商法典》对营业转让并未着墨过多,仅在第25条至第28条的内容中涉及营业转让的部分问题,例如债权与债务的概括转移等问题。[①]除了《德国商法典》所涉及的关于营业转让的内容,还包括《德国民法典》所规定的竞业禁止和合同履行中的瑕疵给付。尽管如此,虽然德国立法者对营业转让制度的关注甚少,但这并不影响德国学者对营业转让制度进行关注的热情。无独有偶,这一时期的司法判例似乎也没有受到立法条文相对较少的影响,与此相对应的是,大大丰富和发展了营业转让制度。

相比较而言,从日本、韩国的商法典在法规范的逻辑结构以及立法表述来看,都与《德国商法典》极为相似。其中,《日本商法典》的发展受历史的影响比较明显。明治维新时期,日本百废待兴,急功近利的日本人几乎照搬照抄了德国的现有法律体系,[②]包括《德国商法典》在内。因此,《日本商法典》关于营业转让的规定几乎与《德国商法典》不存在明显的差别。除此之外,《日本公司法》还对营业转让时产生的竞业禁止及债权债务问题进行了规定。[③]此外,《韩国商法典》对于营业转让的规定又与《日本商法典》保持了较高的重合性,[④]但又存在明显的

[①] 《德国商法典》对营业转让及其相关制度的规定并未涉及太多,仅在商号法的逻辑项下,对营业转让中的债权与债务的概括转移进行了规定。参见C.W卡纳里斯著:《德国商法》,杨继译,法律出版社2006年版,第155页。

[②] 谢怀栻:《大陆法国家民法典研究》,中国法制出版社2004年版,第86页。

[③] 吴建斌、刘惠明、李涛译:《日本公司法典》,中国法制出版社2006年版,第一编第四章。

[④] 早在20世纪初,韩国长时期处在日本的殖民统治之下,因此,韩国的大部分法律制度

进步，其中非常关键的一点体现在：对于营业转让制度的相关规定出现了专章规定，而不同于德国、日本法上的体系结构。

（二）法国的法规范考察

19世纪初颁布实施的《法国商法典》受经济社会发展水平的影响，没有条文内容直接针对营业转让进行规定，但到20世纪以后，关于营业转让的理论与实践得到长足的发展，不仅商法典中的许多条文内容被直接修订，①还出台了许多关于营业转让的特别法，例如《营业财产买卖质入法》（即高赫德莱法案）。从现有的规范法角度出发，法国的营业转让制度相比较其他国家而言是较为成熟的，不仅在《商法典》中规定了营业转让的概念，②还利用商事特别法对营业转让过程中的其他问题，例如不正当竞争、营业估价、③债权债务概括转移、责任承担等方面进行规制。

（三）美国的法规范考察

作为20世纪以来，英美法系最伟大、成就最高的一部成文法——《美国统一商法典》④于1952年问世，其在美国枝繁叶茂的商业帝国体系中发挥了中流砥柱

都是直接沿用日本法，学者称之为"依用"。参见吴日焕译：《韩国商法》，中国政法大学出版社1999年版序。

① 关于1807年颁布施行《法国商法典》大多数条文已被废除或修改，现在继续有效的仅有140条左右，其中，只有30个条款保留了1807年的行文。参见滕晓春："营业转让制度研究"，2008年中国政法大学博士论文，第67页。

② 参见《法国商法典》第110-1条规定，"Art. L110-1 : La loi répute actes de commerce : 1° Tout achat de biens meubles pour les revendre, soit en nature, soit après les avoir travaillés et mis en oeuvre; 2° Tout achat de biens immeubles aux fins de les revendre, à moins que l'acquéreur n'ait agi en vue d'édifier un ou plusieurs bâtiments et de les vendre en bloc ou par locaux; 3° Toutes opérations d'intermédiaire pour l'achat, la souscription ou la vente d'immeubles, de fonds de commerce, d'actions ou parts de sociétés immobilières; 4° Toute entreprise de location de meubles."

③ 实务中，对营业资产进行估价在绝大多数情形下，都是必须的，如营业资产的有偿转让、捐赠以及税务申报等。但是估价的过程十分复杂，这是因为对营业资产的估价需要考虑的因素很多，如商业经营的性质、商铺的未知、租约的期限、租金的价格、机器设备、现有经营状况以及发展前景等等。参见 F. Lemeunier, Fonds de commerce, 16 éditon, Delmas, 2004, n° 601.

④ 潘琪译：《美国统一商法典》，中国对外经济贸易出版社1990年版，封底。

的作用。但即便如此,《统一商法典》也不乏遗憾之处,纵观整部法典,并没有专门的章节对营业转让进行规定,取而代之的是"大宗转让",[①]但通过仔细分析后,我们不难发现,"大宗转让"制度不完全等同于营业转让,它特指对企业原材料、产品以及半成品的大批量转让。令人欣慰的是,美国学者及立法者对营业转让制度也有所关注,这体现在一些地方州立的公私法以及合伙企业法中。[②]

(四)澳门的法规范考察

在包括港澳台在内的我国规范体系中,《澳门商法典》是对营业转让制度关注较早且较为完备的例证。在《澳门商法典中》,关于营业转让的内容虽没有进行专章规定,而是散见于围绕"商业企业"展开的各章内容之中。其中,第一、二章规定的商业企业的一般规定以及商业企业的转让与租赁;第三章规定了企业的用益权;第四章则规定了企业质权。从法规范的所涉内容看,《澳门商法典》几乎包含了关于营业转让的所有规定。

二、我国现有关于营业转让的法规范措施

从 1992 年开始的国企改制至今,在取得丰硕的改革成果的同时,也在实践中逐渐形成了企业产权交易市场。正如党的十八大报告指出的,"要毫不动摇巩固和发展公有制经济,推行公有制多种实现形式,深化国有企业改革,完善各类国有资产管理体制,不断增强国有经济活力、控制力、影响力"。可见,企业改制与完善各类国有资产管理体制在国际竞争中的重要地位。在这个过程中,营业转让是一个重要的企业并购与转型的形式。然而,在我国商事实践中,关于企业营业的承包经营、营业租赁以及营业的转让、赠与、担保融资现象都时有发生,但在我国的规范体系中却缺乏关于营业转让制度的相关立法。无论是《公司法》《民法通则》,还是 2020 年 5 月 28 日通过的《民法典》总则都没有对营业转让进行明确、系统的规定。目前,与营业转让最直接相关的法律规范是《营业国有资产监督管理暂行条例》以及财政部与国资委联合发布的《营业国有产权转让管理暂

---

① 黄晓林编著:《商法总论》,齐鲁书社 2004 年版,第 72 页。
② 参见例如 1991 年《商业公司法》(修订本)第 12.01 条"常规商业经营过程中的资产出售"以及 12.02 条"非常规商业经营过程中的资产出售。"《特拉华州普通公司法》第 271 条的"资产出售、租赁与交换。"《统一合伙法》第 302 条的"合伙财产的转让"等。

行办法》，这些规章和条例虽然对营业转让制度的范围有所涉及，但其规范对象仅限于国有资产，这使其在商事规范调整中的效用大打折扣。除此之外，1999年施行的《深圳经济特区商事条例》第4章"商人的名称与营业转让"对营业转让制度有所涉及，但其效力位阶较低，且在2013年已被深圳市人大常委会废止。因此，在我国现行的商事规范立法层面，缺乏一部效力位阶较高、普遍适用的关于营业转让制度的法律规范。

本章小结

营业转让及其相关制度作为民商法中的一项具体制度，有着极其重要的功能和基本价值，是比构建相关逻辑体系更为首要的任务。营业转让的基本价值可简单概括为交易自由、效率保持以及企业生存等方面。在基于营业转让的有限性达成共识的前提下，营业转让的具体内容包括开业的自由、停业的自由以及交易的自由，应当受到来自现有法律规范体系的限制。这些规范既包括公法规范，也包括私法规范，具体而言，有公司法、行政许可法、反垄断与不正当竞争法，劳动法以及消费者保护法，等等。但总体上，在我国现存的规范法体系中，缺乏一套与营业转让运行机制相适应的、位阶较高、普遍适用的法律规范。

第五章　营业转让合同的成立与生效

在一般商事实践中，营业转让的实现大多以合同的方式达成，作为一种特殊标的的转让，其转让的行为与结果不仅对双方当事人影响巨大，而且还会波及之前的债权与债务以及其他不特定的第三人。正因为如此，研究营业转让合同的成立与生效规则，其意义才凸显得尤为重要。

第一节　营业转让合同要素的特殊性

在规范法层面，可将营业转让合同纳入调整范畴的无疑是《合同法》。[1]但是，作为商事实践中的一种特殊的交易形式，营业转让合同并没有在合同法中得到专门的确认及体现。现有的15类有名合同并不能起到完全调整营业转让合同的作用，这也是造成司法实践中类似案件裁判捉襟见肘的深层次原因。有学者认为，营业转让合同可统一纳入《合同法》第9章"买卖合同"进行调整，但这种观点似乎忽视了营业转让合同在各要素上与一般买卖合同的差异性。

一、客体要素的特殊性：财产集合体

《联合国国际货物销售合同公约》（the United Nations Convention on Contracts for the International Sale of Goods，CISG）第二条规定，国际货物买卖标的一般指有形财产。我国《合同法》第132条规定，出卖人应当具有所有权或处分权，且标的物一般指狭义的物，包括动产或不动产。但这种解释似乎越来越跟现代社会的发展趋势不吻合，例如，在网络虚拟财产买卖中，转让的客体也是现实中不存在之物。

---

[1] 通说认为，1999年颁布施行《合同法》第9章"买卖合同"，原则上不区分调整民事与商事买卖合同。

第五章　营业转让合同的成立与生效

前已述及，营业转让的客体是一种既包括房屋、机器设备、商品原材料在内的动产与不动产，又包括商标、专利等工业版权、顾客群以及其他具有财产性质的事实关系的综合体。它既包含有形财产要素，又包含无形财产要素，通过有机的结合形成整体，并具有功能完整性、相对独立性、持续波动性以及财产特殊性等特征。因此，将整体营业作为营业转让的客体，是相较于其他买卖行为最显著的区别。在此，值得进一步说明的是，作为转让标的的营业依然坚持交易自由原则，质言之，转让标的具体包含哪些构成要素，可由双方当事人进行自由协商确定，但必须保证转让标的的整体具有可经营属性。

二、形式要素的特殊性：要式合同

合同需要一定的方式来承载，书面也好，口头也罢，均是合同的简单形式。部分类型的合同对形式并无要求，如即时买卖合同，但有些类型的合同，法律规定必须满足一定的形式，方能成立与生效，例如房屋买卖合同、拆迁补偿合同等，营业转让合同亦属此类。

经过分析研究，我们不难发现：要式合同所承载的标的要么财产价值较大，要么会对第三人及交易安全产生影响。那么，为何营业转让合同必须满足一定的形式？从规范法角度出发，《俄罗斯联邦民法典》第 560 条的规定，采合同登记生效主义，[①]重在保护交易安全。与此相对应，法国商法经过漫长的发展，[②]并不要求营业转让合同必须进行登记才能产生效力，但也要求必须满足书面要求的形式。

[①]《俄罗斯联邦民法典》第 560 条规定，企业出卖合同应采取书面形式，并且企业出卖合同应当进行国家登记，并自登记之时起视为签订。参见黄道秀、李永军、鄢一美译：《俄罗斯联邦民法典》，中国大百科全书出版社 1999 年版，第 242 页。

[②] 1935 年 6 月 29 日之前，法国商法确认商事营业资产转让合同与一般买卖合同相似，可以采取任何形式为之，对其形式不做硬性要求。但在 1935 年 6 月 29 日之后，法律修订了这项内容，转而规定商事营业资产必须采取书面合同的形式进行，虽然登记不做为生效构成要件，但依然要求营业转让合同进行相关登记。参见 George ripert et René roblot, Traité de droit commercial, P.474.

三、内容要素的复杂性：牵扯多重法律关系

所谓营业转让合同的内容要素，是指出让人与受让人通过营业转让合同的达成所享有的权利与义务。一般而言，买卖合同双方当事人的权利义务关系较为简单，即出卖人享有收取价金的权利并承担交付标的物的义务，而买受人则享有获取标的物所有权的权利并承担交付价金的履行义务。然而，在营业转让合同中，双方当事人的权利义务关系则要复杂很多。例如，对营业转让之受让人而言，除了给付价金和受让有形财产外，还享有通过转移登记而获取其他权利的权利，此外，劳动关系的承继以及债权债务的概括转移都与受让人有关。相比较而言，出让人的权利义务关系则更为复杂，除享有收取价金的权利外，出让人更承担了协助受让人办理有形及无形财产转移登记的义务，竞业禁止义务以及瑕疵担保义务[1]，等等。

值得一提的是，法国商法对营业转让合同的内容进行了细致入微的规定。例如，双方在转让合同中，除了约定价金及标的等核心条款外，还应当载明标的的最初所有人，前一手的出卖人的名称以及转让时间和价款、营业资产上的抵押状况、近几年的营业财产的经营状况等内容。[2]从信息对称及交易安全的角度来看，类似法国商法这样要求对营业转让合同进行细致入微的规定更有利于受让人掌握营业的相关具体信息、免受欺诈，也更有利于保护相关债权人的利益。

四、法律调整模式的特殊性：多部门交叉

营业转让的本质决定了营业转让不仅要受到一般买卖规则的调整，还要受到一些特殊规则的约束。前已述及，世界上不同国家对营业转让的法律规制各不相同，例如：澳门商法典对营业转让及其相关制度进行了专章规定，属于典型的商

---

[1] 根据《法国民法典》规定，瑕疵担保义务分为质量瑕疵担保与权利瑕疵担保两种类型。前者要求出让人保障转让之物无存在潜在的瑕疵，符合使用的目的及转让的价格；而后者则要求营业转让的出让人确保营业资产上没有其他权利负担。这里有两层含义：一方面营业资产不得附着第三人的权利，另一方面也不得附着出让人的权利。参见 Art. L141-17 : L'acquéreur qui paie son vendeur sans avoir fait les publications dans les formes prescrites, ou avant l'expiration du délai de dix jours, n'est pas libéré à l'égard des tiers. Art. 1628 :Quoiqu'il soit dit que le vendeur ne sera soumis à aucune garantie, il demeure cependant tenu de celle qui résulte d'un fait qui lui est personnel ,toute convention contraire est nulle.

[2] 张民安：《商法总则制度研究》，法律出版社 2007 年版，第 351 页。

法调整模式；而在德国商法中，除了几项简单的规则适用商法典的规定外，还包括竞业禁止以及债权债务的概括转移、瑕疵担保义务等都要适用民法典的规定，除此之外，劳动关系的承继还要适用劳动法的有关规定。在韩国以及日本，除了商法典对营业转让的部分内容进行明确外，更多的散见于一些商事特别法中，例如《公司法》等。相比较而言，法国对营业转让的调整模式与其他国家和地区有所不同，采专门特别法进行调整的模式，如1909年3月17日制定的《营业财产买卖质入法》，其主要目的在于对营业转让的双方当事人以及其他利益相关者提供更充分的保护。在这部法律中，不仅首次明确了营业转让的公示制度，还对转让人的债权人的价款异议权进行了规定，经过数百年的积淀与修订，逐渐成了当下法国对于营业转让调整的基本法律。

第二节　营业转让合同的成立与生效

在某种程度上，营业转让合同的成立与生效是对传统合同法规则的僭越和挑战。例如，具有民事主体资格的主体之间签署的营业转让合同，可能因为欠缺商事能力而最终导致合同无效。其中，因欠缺商事能力导致无效的例子，又正如企业之间的融资行为并非必然无效，国家禁止的仅仅是企业以经营为目的的融资行为，这在本质上其实就是相关企业欠缺商事权利能力而导致的行为无效。

营业转让虽然是商事实践中的一种特殊行为，但只要其实现是通过合同的契约形式承载，它就应该满足我国合同法关于合同成立与生效的一般构成要件。在我国《合同法》中，合同的成立即宣告合同订立过程的结束，具体是指当事人通过要约、承诺的方式就合同的主要条款达成一致而建立合同关系，此又称为意思表示一致。根据我国《合同法》第25条规定，承诺生效之时起合同成立，其后第26条、32条、33条分别规定了承诺通知到达要约人、签字盖章等程序是合同成立的具体方式，而无论以何种形式，其核心都是要与当事人意思表示达成一致。笔者认为，一般情形下，合同成立包括两个构成要件：即双方当事人和意思表示一致。除此之外，在实践性合同中，合同的成立还需要交付行为的履行完毕，例如保管合同。因此，意思表示一致是合同成立的核心要件，实践性合同的成立仅是例外，不做一般性评价。关于营业转让合同的生效要件，参照我国合同法的相关规定，笔者建议将其拆分为以下几方面，具体探讨之。

一、商事权利能力与商事行为能力

商事能力是相对于民事能力的概念，是国家权力机关通过法律所承认的、商事主体在经营过程中所具备的一种经营能力，其具体包括商事权利能力与商事行为能力。概括地说，善事行为能力是商事主体在所在主权国家法律的认可范围内，具备从事经营活动的资格；而商事行为能力则是一种商事主体能够通过自己的独立行为在国家法律所认可的范围内从事商事活动的能力。与民事能力的产生不同，商事主体的商事能力必须通过注册登记而获得，因此，不同类型的商事主体，其商事能力也有所不同，因而从事营业的活动与范围也有所区别。

就营业转让的有效要件而言，营业之受让人必须具备商事权利能力与商事行为能力，相反，营业之出让人则不做硬性要求。[1]之所以对效力规则做出如此安排，原因在于：营业转让之标的是一个有机的财产组织体，最大限度地发挥营业财产的经营效用是营业转让制度的制度价值之一，这就在客观上要求受让人必须具备商事权利能力与商事行为能力，符合"营业转让的预防性保障措施"[2]规则。由此，在商事实践中，其规则的具体要求通常表现为：营业之经营范围在受让人的合法目的范围之内。如 2016 年 8 月 "滴滴出行"正式宣布收购"优步全球"的中国业务达成战略合作协议。[3] "滴滴出行"一方受让"优步中国"的全部资产、品牌、业务、数据以及工作人员之后，受让方具备与转让方相同的经营目的记载事项；又如联想集团有限公司收购 IBM 全球 PC 业务中，[4]作为转让方的 IBM 公司将专利、商标、品牌、技术、客户以及销售渠道转让给受让方的联想集团使用，促使联想集团占据了更多的市场份额，二者的目的事业范围是一致的。

值得注意的是，要求受让人目的范围与营业相一致，在客观上会产生阻碍现代企业发展的难题。现代企业的发展往往活动范围较大，其备案章程所记载事项也较为宽泛，这样更有利于企业在现代竞争中占有一席之地。因此，有学者认为，

---

[1] 在法国商法中，对于营业转让的受让人必须具备双项能力，而出让人则不做强制性要求。参见许瑛："法国营业资产法律制度研究"，华东政法大学 2012 年博士毕业论文，第 120 页。

[2] 所谓预防性保障措施是指，营业转让的标的是一个活的有机统一的整体，转让之后要尽可能地发挥其整体功能，展现营运价值，因此，受让人必须具备一定的商事权利能力与商事行为能力。参见郭娅丽：《营业转让法律制度研究》，法律出版社 2011 年版，第 83 页。

[3] 参见 http://www.gold678.com/C/20160802/201608021954422287.html，2016 年 10 月 11 日访问。

[4] 参见 http://finance.sina.com.cn/rsjh/4.html，2016 年 10 月 11 日访问。

① 要求受让人具有与营业相同的目的范围，不但制约公司的发展，也与转让人的初衷相违背。与其如此，还不如摒弃商事能力的强制性要求，依"商业判断规则而评判"。这种观点提供了一条完全不同的径路，值得思考与商榷。

二、意思表示

意思表示一致是合同成立的核心要件，同理推之，意思表示的有效性，也是营业转让合同效力判断的中心。经过拆分，意思表示可分为效果意思、表示意思与表示行为。在一般商事实践中，营业转让的主体分为自然人与组织两大类，自然人的意思表示适用行为能力制度加以判断，此不赘述。而对于组织的意思产生及表达机制，则需要通过一定的程序实现，例如公司的重大资产出售，按照我国公司法规定，②须经过股东会的特别决议方能有效。无独有偶，日本《公司法》第467条第1款规定，全部及部分重要事业的转让，必须在该行为生效日的前一日，接受股东大会的决议。③

然而，在行为能力的判断上，自然人一般通过年龄结构与精神状况的综合情形而定，相比较而言，公司意思表示的形成则要通过一些必要的程序。根据现代公司治理结构理论，与公司意思的形成与表示有关的机关包括两个，即股东大会与董事会。按照意思表示的三要素理论，意思表示从产生到表达经历了三个不同的阶段，分别是：效果意思、表示意思和表示行为。股东大会是公司的内部权力机关，是公司重大事项的决策机关，一般情形下，公司的真实意思一般由股东大会最初形成，这相当于理论上的"效果意思"。其后，效果意思一般通过董事会

---

① 商业判断规则，源于美国公司法的判例。是审查董事是否履行谨慎职责的司法规则，在特殊情形下，尤其是在没有相反证据时，法官假设前提董事及经理基于善意，以通常谨慎之人的注意程度为公司利益的最大化利益行事。参见丁丁：《商业判断规则研究》，吉林人民出版社2005年版，序言部分。转引自郭娅丽：《营业转让法律制度研究》，法律出版社2011年版，第83-84页。
② 参见我国《公司法》第121条规定："上市公司在一年内购买、出售重大资产或者担保金额超过公司资产总额百分之三十的，应当由股东大会作出决议，并经出席会议的股东所持表决权的三分之二以上通过。"
③ 参见《日本公司法典》第467条第1款规定："股份公司，在实施下列行为时，必须在该行为生效日的前日，接受依股东大会的决议，对该行为的相关合同的承认。一、全部事业的转让；二、部分重要事业的转让；三、其他公司的全部事业的受让；四、全部事业的租赁全部事业的经营的委任、与他人的事业上的损益全部共同的合同及其他准于此的合同的缔结、变更或解约。"

的执行表达于外部，由此形成了表示意思与表示行为。因此，可以说，公司的意思表示的形成与表达建立在公司股东大会与董事会的协调运作基础之上。之所以说意思表示是营业转让合同的效力判断要件，是因为此意思表示必须真实有效，不能存在任何瑕疵（例如错误、欺诈或胁迫），否则都可能影响合同的效力。

三、法律强制性规定与社会公共利益

营业转让合同是出让人与受让人意思表示一致的结果，除了满足上述有效要件之外，还应当符合消极要件，即不违反法律强制性规定与社会公共利益。这里的法律并非仅指狭义的国家层面的法律，而广泛的包含行政法规、部门规章以及地方性法规。在此，笔者认为关于营业转让合同的消极要件考察可从以下四个方面[①]进行分析：包括目的违法、标的违法、条件违法和方式违法。

（一）目的违法

所谓目的违法是指，行为人违反诚实信用原则，主观上希望通过营业转让行为达到事实上或法律上的效果违法。例如在营业转让合同中，营业之转让人在磋商及签订合同之前具有明显恶意，欲藉由营业转让之外壳，逃避债务或转移财产等。

（二）标的违法

所谓标的违法是指，转让标的属于禁止或限制流通物，严禁无资质企业进行经营活动。在营业转让中，因为其标的在本质上是有形财产与无形财产的有机结合体，因此，只要营业之构成要素中有一项符合标的违法的情形，就会影响整个营业转让合同的效力，构成标的违法。在此，需要特别指出的是，如果在进行营业资产评估的时候出现恶意压低营业资产价值的情形，构成以明显低价或明显高价处分营业财产的，都有可能构成涉及标的的欺诈而导致转让行为效力待定。

[①] 民事法律行为是否违反法律及公共利益，可以以下方面考察：目的违法、标的违法、条件违法以及方式违法。参见马俊驹、余延满：《民法原论》，法律出版社2007年版，第188页。

（三）条件违法

所谓条件违法是指，合同双方当事人为了促成合同的达成，通过人为设立一些前置条件来完成合同的签订与履行，然而，这些条件本身具有违反法律的性质。例如，营业转让的双方当事人，为了逃避营业转让过程中的征税要求或损害转让人原债权人的合法权利，分别签订成交价款高低不同的两份合同，利用前者低价合同来搪塞税务机关的征税以及债权人的债权请求，实际执行后者高价合同来达到利益最大化的状态，此所谓的交易中的条件违法。这也构成传统合同法上的以合法形式掩盖非法目的的具体情形。

（四）后果违法

所谓后果违法是指，尽管转让行为的转让过程中都满足有效性要件，但通过转让行为的完成却产生了违法的结果。前已述及，营业转让可能称为企业并购以及经营者集中的手段，因此，即便过程中的转让行为满足合同法上的有效性要件，其交易结果也有可能违反反垄断法的相关规定。

四、登记、审批以及公示要件

一般而言，鉴于营业资产本身具有的重大价值以及对商事经营的重要作用，许多国家和地区都将营业转让合同登记作为合同的生效要件。但也存在特殊情形，例如在法国商法中，登记并不是营业转让的生效要件，但这并非等同于法国商法不要求营业转让合同进行商业登记，与此相反，如果营业转让之受让人在受让之日起十日内未进行登记公示，就要面临承担连带责任的处罚。[1]

在规范法层面，《澳门商法典》在第62条第1款明确规定，[2]与商业企业主及企业有关之行为，须按照法律规定予以登记公布。很显然，按照文义解释等法律解释方法，与企业有关的行为自然包含营业转让行为。法国商法也具有一套相

---

[1] 在营业转让的情况下，受让人应按照法律的规定，在十日内进行登记公示，如果而进行登记，则无法对抗第三人，那么受让人就必须对营业资产之前的债务承担连带清偿责任。参见许瑛："法国营业资产法律制度研究"，华东政法大学2012年博士毕业论文，第106页。

[2] 参见《澳门商法典》第62条第1款。转引自滕晓春："营业转让制度研究"，2008年中国政法大学博士论文，第78页。

对完备的登记公示制度，但营业转让合同不以登记为生效要件，这是法国最为独特之处。早在《营业财产买卖质入法》实施前，法国商人就通过商事习惯构建了一套简单的公示制度，其目的在于保护营业转让前债权人的债权。其后颁布的法律逐渐将此习惯在法定中予以确认，并规定任何商事营业资产的转让行为必须予以公示，无论以何种方式，包括公证书、法院判决、私证书等。[①]此后，1949年3月通过的法律对此前的法律作出修订，创设了"商事登记和行业等级的官方公报"制度并沿用至今，仅在名称上改变为"民商事公告之官方公报"制度。

客观上，无论登记与公示制度的创设是否以判断合同生效为前提，其创设的原因都是由其自身的重大价值以及交易安全所内在决定的。营业转让之标的的处分权虽然属于转让人，但其资产以及背后的价值也是其债权人债权实现的重要保证，如果转让人在债权人毫不知情或者明显低于市场价格的情形下出让营业资产，则必然造成债权人债权实现的巨大威胁。如果当出让人的债权人在营业转让之后知晓其成交价格明显低于市场价值，也可以请求法院撤销此前的转让合同，但这明显属于事后救济且效果不佳。[②]在现代社会中，债权人利益及交易安全的维护是与交易自由与效率原则并肩的内在追求，因此，建立和完善营业转让登记制度，不失为一种良好的制度设计。

第三节 登记公示的效力范围及强度

一、对营业转让合同的效力

前已述及，构建营业转让合同登记公示制度的初衷是出于对债权人利益保护以及交易安全和自身重大价值维护的综合考虑。与一般的买卖合同相比，其最大的不同体现在转让客体上，即一般的买卖合同标的都表现为一种单一客体，而营业转让则表现为一种复杂客体。这就在客观上决定了营业转让合同登记公示制度的必要性。

关于登记公示对于营业转让合同的效力问题，在学界还存在广泛争议。一种

---

① D.no67-238 du 23 mars 1967.转引自滕晓春："营业转让制度研究"，2008年中国政法大学博士论文，第79页。
② Paul Didier,roit commercial,p.405.

观点认为,登记公示并不影响合同的效力,除非法律明确规定登记是合同的生效要件,否则,就不应该对合同效力作出否定性评价。构建营业转让合同的登记公示制度目的在于保护交易安全以及维护债权人利益,因此,仅仅凭借欠缺登记的条件就否认合同的效力,似乎有对当事人的缔约自由进行不当干涉之嫌。这种观点显然受到法国商法的影响,[①]在法国商法中,虽然明确规定了营业转让必须由受让人进行登记公示,但登记与否并不是合同有效的构成要件。[②]倘若受让人违反登记规定,将有可能面临与转让人一起承担债务的风险,而非合同无效的风险。

笔者认为,在谈论营业转让登记公示制度的时候,应当区分营业转让合同的登记与营业要素交付登记。前者是作为营业之整体在转让过程中,为保证交易安全以及维护债权人利益而进行的登记,而后者是作为营业之构成要素权利转移进行的登记,此二者必须严格区分。在我国民商法理论中,只要不违背社会公共利益以及法律的强制性规定,法律就不应该对合同的效力做否定性评价,[③]此规则应适用于前者的效力评价。而在后者的效力评价中,登记与否往往仅能够影响交付的效力变化,与合同的效力有所区别,例如在不动产转让合同中,未进行登记变更仅仅影响交付的是否完成,如合同其他内容未违背法律的强制性规定和社会公共利益,仍应该对转让合同进行有效性评价。

二、对合同双方当事人的效力

登记公示虽不直接影响营业转让合同的效力,但这一制度设计却对平衡营业转让双方当事人与债权人的利益起到了关键作用。具体而言,营业之受让人应当是履行合同登记行为的主义务人,转让人应当积极配合受让人完成此项义务。那么,为什么要将登记公示义务交由受让人完成,而不是转让人呢?如此制度安排

---

① 滕晓春:"营业转让制度研究",2008年中国政法大学博士论文,第81页。
② George ripert et René roblot,Traité de droit commercial,P.479.
③ 例如,我国最高人民法院《关于适用《中华人民共和国合同法》若干问题的解释(一)》第9条规定:法律、行政法规规定合同应当办理批准手续,或者办理批准、登记等手续才生效,在一审法庭辩论终结前当事人仍未办理批准手续的,或者仍未办理批准、登记手续的,人民法院应当认定该合同未生效;法律、行政法规规定合同应当办理登记手速许,单位规定登记后生效的,当事人未办理登记手续不影响合同效力。另外,最高人民法院《关于审理与企业改制相关民事纠纷案例若干问题的规定》第17规定,以协议转让形式出售企业,企业出售合同未经有审批权的地方人民政府或其授权的职能部门审批的,人民法院在审理相关的民事纠纷案件时,应当确认该企业出售合同不生效。

的目的究竟为何？

答案要追溯到20世纪初的法国《营业财产买卖质入法》。关于《营业财产买卖质入法》的相关规定，笔者需要作出一个澄清。在此之前，有学者认为，商事营业资产的受让人如果没有依法进行转让登记，那么受让人就不得将合同的对价交付给转让人，抑或不得处分标的物的价款。[①]这种认识是存在偏差的。关于《营业财产买卖质入法》的规定，我们可做以下几个层面的理解：第一，营业资产的受让人应当承担对转让合同进行登记公示的主要义务；第二，未进行转让合同登记，合同仍然有效，合同双方当事人也可以按照合同约定履行合同；第三，未进行转让合同登记，合同已经履行并对转让前的债权人产生损失的，合同双方当事人承担连带清偿责任。因此，我们可以清晰地看到，法国商法实际上将营业转让合同的登记义务通过施加连带责任的承担强加给了营业资产的受让人一方。尽管从转让合同的双方当事人的二维视角来看，将登记义务交由受让人一方承担，且一旦违反义务将与转让人一起承担连带清偿责任，似乎缺乏合理理由；但从受让人、转让人以及转让人之债权人的三维视角来看，让受让人承担转让合同的登记义务，似乎又是一个最佳的选择。其中，一个很重要的原因是：让受让人承担连带清偿责任是防止商事营业转让合同双方进行恶意串通损害债权人利益的最佳方式。

三、对债权人的效力：支付异议权与参与竞价权

前已述及，对于营业转让合同的登记与公示是十分必要的，这里的基本出发点在于保护债权人利益以及维护交易安全。那么，由此观之营业转让合同的登记效力是及于债权人的，其中，让债权人获知营业转让的具体情形也是登记公示制度的重要目的所在。

在商事实践中，就当营业转让的双方当事人签订合同并且履行登记义务后，商事营业资产的债权人就可以行使营业资产对价异议权和参与竞价权，来维护自身的合法权益。所谓对价异议权是指，商事营业资产之前的债权人通过登记公示

[①] "如果商事营业资产的受让人没有依法公示其转让行为，则受让人不得将商事营业资产的价款支付给转让人，即不得处分标的物的价款。另一种情况，转让人虽然获得商事营业资产的价款，但却对价款没有处分权。"参见滕晓春：" 营业转让制度研究"，2008年中国政法大学博士论文，第81-82页。

程序获知营业资产的出售信息后,主张营业资产的受让人不要支付价款给转让人,从而通过获取营业资产的对价而使债权得以清偿的权利。[1]在这个过程中,如果受让人拒不支付价款,还将可能面临第二次支付的责任。所谓参与竞价权是指,营业资产之前的债权人获知营业转让的信息后,认为营业转让合同约定的对价低于市场价值,要求通过司法拍卖的方式出让营业资产,从而自己可以参与竞价的权利。[2]这一权利在很大程度上使债权人得以避免出让人与受让人通过恶意串通损害债权人利益的情况发生。值得一提的是,债权人享有的这两项权利均不能以债权未到期而抗辩,质言之,只要债权人通过登记公示程序获知营业转让的具体情形,此时无论债权人的债权是否到期,债权人都可以通过价款异议权与参与竞价权来维护自身的债权实现。

第四节　营业转让合同的无效认定

营业转让合同本质上是一种买卖合同,遵循契约自由原则,公权力一般介入较少。作为一种买卖合同,若一旦违反合同效力判断规则,势必合同的整体效力,一般而言,导致合同无效的原因大多是违反法律强制性规定与违背社会公共利益,这在合同法上也被称为绝对无效。在一般商事实践中,导致营业转让合同无效的原因众多,以下列几种典型的无效类型一并阐述之。

一、超越权利能力的无效

有观点认为,自罗马法以来,主体制度的演变与发展总是与立法政策相一致的。[3]对于团体人格的确立,法人的权利能力和行为能力受不同时期立法政策的影响较为明显。

一般而言,营业转让中的受让人受让营业之目的在于参与经营,从而获取营业利润。因此,受让方如果是非自然人,则受让之营业应当在其目的事业范围之内,其受让及参与经营的权利能力应当受目的事业范围之限制。[4]对于超越权利能

---

[1] George ripert et René roblot, Traité de droit commercial, P.481.
[2] George ripert et René roblot, Traité de droit commercial, P.483.
[3] 龙卫球:《民法总论》(第二版),中国法制出版社2002年版,第187页。
[4] 也有学者认为,目的事业之范围影响的不是权利能力,而是行为能力。参见郭娅丽:

力的受让,世界各地经历了一个从"无效"到"有效"认定的转变,[①]承担公司对外作出的行为具有效力,而对公司是否具备相应的权利能力在所不问。但是,这并非等同于所有的公司越位行为均能获得有效认定,例如国家通过资质管理制度评价公司的资质级别,判断特定经营建设行为是否具有资质时,公司超越资质而作出的行为则被认定为无效,这是一种典型的公权力介入的体现。这一类无效行为的产生,广泛地存在于一些特殊的行业之中,如房地产、食品药品、建筑、工程监理等涉及社会公共利益和公共安全的领域,违反资质管理规定,在本质上产生了主体欠缺合法要件的结果,原则上应当认定合同无效。

既然是原则上认定无效,那就有例外情形。事实上,并非所有的违反资质的合同,都一概而论的认定为无效合同,日本民法中的"履行阶段论"[②]恰好可以对这一现象作出解释。我们可以假想,如果一概将违反资质的合同认定为无效合同,统统适用返还财产、恢复原状的处理方式,那么势必会造成合同双方当事人的巨大损失,也会极大的浪费社会的人力物力,因此,这是极为不明智的举动。日本的"履行阶段论"认为,合同的履行分为三个阶段,即尚未履行阶段、正在履行阶段和已经履行阶段。对于尚未履行阶段的合同,适用合同无效的规则,无可厚非,此不赘述。那么,关于正在履行阶段的合同,应当进行一个综合的考量,结合具体的个案进行分析,考量的因素包括:当事人意愿、社会公共利益、经济成本、环境因素,等等。对于已经履行的合同,如果没有产生严重的社会后果,原则上应当认定为有效,但这并不排除可以对公司的直接责任人施加行政处罚。

二、违反竞争秩序的无效

在客观效果上,营业转让合同的签订及履行可以达到经营者集中的效果,这是因为受让方通过营业的转让实际上控制了转让方的营业,这就容易造成市场竞争结构的深层变化。因此,世界多数国家和地区都规定了造成经营者集中的情形都要进行事前申报,目的在于反垄断管理部门及时掌握经营者集中的情形是否会

《营业转让法律制度研究》,法律出版社2011年版,第87页。
① 现代各国均放弃了"越围行为无效"规则。参见郭娅丽:《营业转让法律制度研究》,法律出版社2011年版,第87页。
② 日本民法上的"履行阶段论"认为,合同分为尚未履行、正在履行和已经履行三种阶段,在不同阶段对合同效力进行不同的评判,会产生截然不然的影响,因此,应当区别而论。参见郭娅丽:《营业转让法律制度研究》,法律出版社2011年版,第87-88页

第五章 营业转让合同的成立与生效

造成对市场竞争秩序的破坏。事前申报的关键,以日本、美国和欧盟为例,在于把握两个核心要素:行为要件和规模要件。[1]

所谓行为要件,是针对企业行为而言,只要企业规模满足一定的条件,该企业实施营业者集中行为就需要进行事前申报。例如,2004年5月1日实施的《欧盟理事会关于企业集中控制的条例》(以下简称《条例》)规定的"企业联合",[2]又如1950年美国颁布的《塞勒-凯辅维尔法》增加了"取得资产"[3]的条文,这里的资产的取得是指必须满足与公司合并类似的经济效果、导致之前的营业合并的行为。战前日本的企业制度大多以企业财团为控制中心的家族型企业制度为主,[4]直至1947年《独占禁止法》的出台,才实现了对股份保有、企业合并、营业受让以及租赁行为的约束。此后美国当局占领日本后,又对反垄断制度作出改革,制定了事前申报制度,自此,营业转让行为和其他垄断行为一样,要接受反垄断部门的审查。[5]

所谓规模要件是指,企业在实施经营者集中行为的时候,需要满足一定的规模条件,才需要进行事前申报。在美国,根据经典判例的旨意,企业的规模由企业的在先行为决定,而在企业的行为中,重大资产出售行为(sale of substantial assets)又被视为与企业合并同等重要的干预市场正常竞争秩序的行为。[6]在此行为的判断过程中,有两个关键要素需要把握,即非正常的营业过程和改变公司实质的存续目的。前者是指,出售行为本质上不属于公司的正常经营范畴,质言之,如果属于公司正常的出货行为,[7]则不属于经营者集中行为;而后者是指,出售行

---

[1] 方小敏、朱一飞:"欧美企业其中事前申报制度比较研究",载《环球法律评论》2006年第5期,第568-570页。

[2] 该条例中规定的企业联合,如果在事实上产生了单一经济体的结果,就包含了营业转让的情形,笔者注。

[3] 从1926年到1930年之间,曾有4800家以上的公司通过取得资产的额方式实施了企业的结合,资产收购成了变相的合并行为。参见陈国奇:"作为反垄断法规制对象的营业转让——兼析反垄断法第20条第2项",载《北方法学》2008年第6期,第80页。

[4] 这些少数财团控制了90%以上的工业、交通、金融和贸易,国内市场的竞争程度极不充分。这些财团后来又成了帝国军国主义的经济后援团,因此,在很长一段时期内,非常顽固。参见陈国奇:"作为反垄断法规制对象的营业转让——兼析反垄断法第20条第2项",载《北方法学》2008年第6期,第78页。

[5] 参见竞争政策比较研究课题组:《日本的竞争政策分析》,载《财贸经济》1995年第11期。

[6] Ginbel v. Signal Companies 316A.2d 599 (Del 1974).

[7] Stiles v. Aluminum Products Co. 86 N.E. 2d 887(III 1949).转引自 Stanley. Siegel When Corporations Divided. A Statutory and Financial Analysis Harv. L Rev. Vol79 1966 p.539.

为或改变公司的存续目的或对股东利益有重大影响。与此相对应，欧盟法上也出台了相应法律，将通过股份或资产的出让方式获得企业支配权的行为定性为经营者集中行为。[①]该《条例》规定，其出售资产应当属于转让企业的重要组成部分，在具体判断上，还应该结合是否与其他资产具有一体性以及是否可以被分离等判断因素。由此可以看出，这里取得的重要资产，实际上就是营业资产，这里的收购行为，实际上也就是本书所探讨的营业转让。

与确定事前申报规则同步的，应该是违反事前申报程序以及审查结果否定性评价的法律结果。基于公平竞争秩序的维护和各国的价值追求的一致化认同，许多国家和地区都将破坏竞争秩序的行为定性为违法行为，并采取必要措施恢复到经营者集中前的状态。由此可见，对于违反事前申报程序的营业转让合同确认无效。

三、损害国家利益的无效

国有企业在不同的历史阶段所承载的使命有所不同，在过去几十年间，我国先后经历了从国有化到私有化的变迁。在本质上，国有企业出售大多涉及营业转让，但由于国有企业的最终控制权在国家，因此，较之于一般的营业转让而言，国有企业出售具有更为严格的管理制度，防止国有资产流失。

国有资产的管理与出售，要履行严格的强制评估程序。一般而言，评估的结果取决于评估的方法，因此，评估结果在一定的范围内存在差异是可能的，也是合理的。根据国资委评估调研报告显示，法国的强制评估程序具有以下特点：主体的特定性、评估的强制性、转让价格的限制性、评估方法的多样性以及评估时间的节选较长。[②]由此可见，从法国的企业强制评估管理制度来看，评估结果的合

---

① 1989年12月，欧共体部长理事会审议通过了《欧共体部长理事会关于企业结合控制4064/89号条例》（Council Regulation EEC on the control of concentration between undertaking No4064/89），该《条例》确定了欧盟关于企业结合控制的基本法规，其中第5条第2款规定"资产"必须是重要资产，其不仅应具备经济上的价值，还必须是出售方企业的重要组成部分，在实际判断是，还应该具体衡量是否具有一体性、是否被分离，同时更要关注其具体售价。

② 法国对企业整体价值评估有如下特点：（1）管理主体的专门性。由法国国家资产转移委员会（CPT）负责。（2）评估的强制性。法国企业评估管理工作明确要求，企业首次公开出售证券（IPO）或国有产权转让过程中必须进行评估。（3）转让价格的限制性。产权转让价格不低于CPT评估的范围。（4）评估方法的多样性。产权整体价值评估必须用两种以上方法进

理性取决于评估方法、评估标准、评估期限等综合因素的作用，因此，评估方法、评估标准以及评估期限应当根据企业的不同情况区别对待，不应一概而论。尤其在进行国有资产转让时，对于未进行国有资产评估、漏评、少评、错评等损害国家利益的行为，①应当坚持确认其无效。

本章小结

现有的 15 类有名合同并不能起到完全调整营业转让合同的作用，这也是造成司法实践中类似案件裁判捉襟见肘的深层次原因。营业转让合同的成立与生效除了应该满足合同法所确认的一般要件，还需要重点考察商事权利能力与商事行为能力、意思表示、登记与公示、法律及社会公共利益等方面的因素。除此之外，营业转让合同中的典型无效包括：超越权利能力的无效、违反竞争秩序的无效以及损害国家利益的无效等情形。

行。（5）评估时间较长。有专家认为应进行 5 年的长期测算，5-10 年的粗略测算，10-15 年的预测数据才趋于准确。参见国务院国资委产权管理局："法国国有企业整体价值评估研究"，载《资产评估》2006 年第 2 期.

① 郭娅丽：《营业转让法律制度研究》，法律出版社 2011 年版，第 90 页。

第六章　营业转让中的债权债务关系及责任承担

第一节　问题的提出：营业转让中债权债务是否一并转让

在商事实践中，营业转让不同于股权转让、企业转让等其他企业并购方式。那么在营业转让中，转让方的债权债务关系是否发生转让，遵循怎样的规则？我国的现有法律并没有作出具体规定，司法实践中也莫衷一是、各执一词。

司法实践中，有判例观点认为，原转让人的债权债务关系随营业转让一并转让。在 2015 年攀枝花中院的一起裁判案例中，法院认为，"个人独资企业营业转让的，原投资人不能免除责任。在本案中，上诉人徐某昊作为原投资人，对转让前的债务仍应承担清偿责任。"①据此裁判逻辑，个人独资企业在进行营业转让的时候，原转让人的债权债务关系实际上已经随营业之转让而转移，只是徐某昊作为原投资人，对转让前的债务仍然负有清偿责任而已。类似的观点还出现在最高人民法院的一则再审案件中，②法院认为"案涉下某龙煤矿资产转让实为营业转让。在转让过程中，转让方及受让方未对因经营该煤矿发生的债权债务进行清理，未将转让情况通知债务人农信社；转让后企业名称亦无变化。从依法公平保护债权人合法权益的角度衡量，原审法院判令下某龙煤矿及周某华对农信社享有的案涉债权承担相应责任并无不妥。"

与此相对应，也有判例观点认为原转让人的债权债务关系不随营业转让而转移。其中，在"上诉人泉州市某建材实业有限公司与被上诉人平顶山市某煤业有限公司、张某成合同纠纷"一案中，③张某成将宝丰长江公司的全部财产转让给平顶山丰泰公司所有，本质上属营业转让，但该公司的有限责任公司性质仍然没有变化，营业转让不影响原债务的承担。除此之外，在宜昌"刘某民与宜都市某华

---

① 攀枝花中级人民法院二审（2015）攀民终字第 837 号民事判决书。
② 最高人民法院再审（2015）民申字第 681 号民事裁定书。
③ 平顶山市中级人民法院二审（2009）平民三终字第 344 号民事判决书。

第六章 营业转让中的债权债务关系及责任承担

融石料场、潘某民等民间借贷纠纷"[①]一案中,法院又认为"由于个人独资企业营业转让前的债务是由原投资人经营形成,基于公平原则,在转让人并未向受让人就相应债务部分支付等价经济利益时,原投资人理应对债务承担清偿责任,合法受让人对原投资人经营期间的经营活动不具有决定权,对转让前的债务不应承担清偿责任。"

除此之外,还有一部分案件的债权债务承担,需要首先界定资产转移行为的性质。例如,在"上诉人镇江市某甸上加油站有限责任公司与被上诉人江苏某经济贸易有限公司、严某金、王某燕股权转让纠纷"[②]一案中,法院最终以"股权形式转让"和"特许经营权与主体具有不可分性"为由,否定了营业转让的性质。

从上述案例的总结中,我们不禁要追问两个问题:其一,在判决受让人应当对转让人之前的债务承担清偿责任依据何在?其二,在营业转让的场合,债权债务关系究竟遵循怎样的清偿规则?

事实上,在回答上述问题以及研究债权债务是否会随着营业转让而发生转移的问题之前,首先需要明确的问题是,转让行为的本质是什么?究竟是资产转让还是营业转让,抑或是企业合并。因为在单纯的资产转让过程中,转让人与受让人的主体地位继续存在,转让标的不包括顾客群等事实关系,仅仅是一些客观上的物,如机器设备等,在此情形中,不发生任何债权债务关系的转移,如果债权人一定要参与到这个困局中来,那么一定存在转让人与受让人通过恶意串通损害债权人利益的情形。如果是公司合并,情况或许要复杂一些。因此公司合并涉及吸收合并与新设合并,前者A吸收B,后者A、B合并为C,都发生了主体的消灭,因此,之前的债权债务关系顺理成章地由存续者承继。唯独在营业转让场合,才具有因债权债务关系发生争议的可能性,鉴于我国尚未制定关于营业转让的具体法律规定,本书将参考国外的立法例及理论来分析探讨。

[①] 宜昌市中级人民法院二审(2016)鄂05民终1228号民事判决书。
[②] 南京市中级人民法院二审(2015)宁商终字第1412号民事判决书。

第二节 受让人的债务承担：转让人的权宜之计

一、部分国家的立法例考察

关于营业转让中，债权债务关系是否随着营业的转让一并发生转移，世界部分国家和地区对此持两种截然不同的观点。例如，以我国澳门地区为例，除当事人特别约定外，转让人债权债务关系随营业资产的转移而转移；当然，持否定观点的立法例也不在少数。以最为典型的法国商法为例，商事主体的债权债务关系不随营业资产的转移而发生转移。其实，转让人的债权债务关系是否随营业转让而转移，本质上取决于营业资产构成要素的认定。如果将转让人的债权债务认定为营业之构成要素，那么，债权债务就应与其他营业资产构成要素一并形成组织化的有机财产整体，当然与之一并发生转让。反之，如果将债权债务排除在营业资产的构成要素之外，就会得出相反的结论，如法国。

（一）德国法上的债务承担

德国法上，营业转让中的债务承担并非一概而论，它以营业转让中是否附带商号或继任关系为前提。[①]一般而言，如果营业转让中包含商号转让或附加表示继任关系存在时，营业之受让人需要对转让人此前的债务承担清偿责任。相反，如果营业转让不附带商号的转让或继任关系，营业转让的受让人一般不负担原营业的债务，除非受让人具有特别负担义务。此外，德国法为了保护债权人的债权不因营业的转让而丧失实现的可能，还继而规定了在由受让人承担债务时，债权人仍可向原债务人请求清偿，只是在此期间的诉讼时效为5年。

---

① 参见《德国商法典》第25条规定：（一）以原商号、附加或不附加表示继任关系的字样继续生前所取得的营业的人，对原所有人在营业中设定的一切债务负责人；（二）有另行约定的，另行约定只有在其已登入商业簿并且已经公告，或已由取得人或让与人通知第三人时，才对第三人有效；（三）不继续使用商号的，只有在有特别负担义务的原因时，特别是在债务的承担已由取得人以商业上通常的方式公告时，营业的取得人才对原营业债务负责人。参见杜景林、卢谌译：《德国商法典》，中国政法大学出版社2000年版，第17-19页。

第六章　营业转让中的债权债务关系及责任承担

(二) 日本、韩国法上的债务承担

因继受德国法的原因，日本商法典关于营业转让中债务承担的规定与德国法非常相似。例如，在处理商号与营业转让关系债务承担的关系时，都同时采用了"商号转移，债务随之转移"的规则。但是，日本商法典在例外情形的处理上与后者不同。[①]如受让人在继续使用商号的情形中，可通过登记或通知的方式，表明自己不承担营业之债务关系。除此之外，二者在诉讼时效上也有所不同，日本法明确规定了2年的消灭时效。

韩国法上的债务承担规则与日本法如出一辙，都规定了债务随商号转移的规则，并且也都适用相同的例外情形。此外，在诉讼时效上，2年的时效期限也与日本相同。

(三) 澳门地区法上的债务承担

与大陆的规范法相比，澳门地区的商法典对营业转让中的债权债务关系的承担规则，规定得较为全面，概括起来，其具体规则区分了非人身性质的一般债务与劳动关系债务。首先，澳门商法典第110条对合同债权债务的转移进行了一般性规定，除具有人身性质的债权债务关系外，因营业一般经营行为产生的债权债务关系随营业的转让一并转移给受让人，统一由受让人承担，但在此情形中，也存在例外情况，如双方当事人另有约定的除外。其次，澳门地区商法典第111条对转让之营业的劳动关系进行了规定，除特别约定外，原始存续的劳动合同关系随营业的转让继续存在。这里值得一提的是，对于转让前拖欠劳动者薪水的情形，澳门商法典特别规定了转让人与受让人承担连带清偿责任以确保劳动者的薪水能够得以实现。除此之外，澳门商法典第113条还对营业之日常经营产生的债权债务处理规则进行了规定。[②]

[①] 王书江、殷建平译：《日本商法典》，中国法制出版社2000年版，第6-7页。
[②] 参见《澳门商法典》第113条规定："（一）对于企业在转让前因经营而发生之债务，企业取得人须承担责任，但以载于必备账簿者为限；（二）对于企业在转让前经营而发生的债务，转让人仍需承担责任，但债权人表示同意免除的除外；（三）如取得人按第一款之规定清偿转让前发生的债务，则对转让人有求偿权，但另有约定者除外。"参见中国政法大学澳门研究中心、澳门政府法律翻译办公室编：《澳门商法典》，中国政法大学出版社1999年版，第31-32页。

（四）香港地区法上的债务承担

受英美法系的影响，我国香港地区关于营业转让的债务承担规则较为笼统，但中心明确——即重在保护债权人利益。如香港地区《业务转让（保护债权人）条例》中规定，[①]无论营业转让双方当事人是否进行特别约定，该约定都对双方当事人内部产生效力，对债权人不产生效力。受让人仍然应该向债权人承担债务清偿责任，这里的债务也包括应纳税金额。此外，该条例还明确规定，受让人承担的债务总额不应超过营业的价值总额，尽管营业的价值总额并非一个精准的概念，但仍然可以通过商业评估作出。香港地区的条例也对营业转让的债务承担进行了诉讼时效的规定，但遗憾的是并未明确期限的长短。[②]

二、上述国家和地区法规范中的债务承担规则分析

（一）受让人承担责任的基本类型

结合前面部分国家和地区关于营业转让中债务承担的规定，我们可以大致总结得出：营业转让的受让人对原营业债务承担责任的两种基本类型。

一种类型是与商号的继续使用有关。例如营业转让之受让人在受让营业的同时，继续使用原营业的商号的情形，各国法律[③]都规定了受让人也要对此前产生的债务承担清偿责任。另一种类型则与受让人发布的公告与明示有关。在营业转让之受让人不继续使用原营业的商号的条件下，一般而言，受让人不承担此前营业之债务的清偿责任。但是，受让人通过广告或者公告等形式，明确表示愿意承担责任的情形除外，各国法律[④]也对这种例外情形进行了确认。

与上述债务承担规则略有不同的是《澳门商法典》。在《澳门商法典》中，

---

① 参见香港地区《业务转让（保护债权人）条例》第3条第1款规定，"除本条例另有规定外，凡连同或不连同商誉转让之业务，于转让时，纵使订有相反之协议，承让人仍须承担一切由出让人在经营业务时所欠下之债务及所须履行之责任，包括承担履行根据《税务条例》（第112章）课征或可课征税项之完税责任。"

② 石慧荣：《商事制度研究》，法律出版社2003年版，第46页。

③ 例如《德国商法典》第25条之规定、《日本商法典》第26条第1款之规定以及《韩国商法典》第42条第1款之规定。

④ 例如《德国商法典》第25条第3款之规定、《日本商法典》第28条规定以及《韩国商法典》第44条之规定。

第六章 营业转让中的债权债务关系及责任承担

营业之受让人继续使用此前营业的商号与否,并不必然对债务承担的后果产生关联。在澳门学者眼中,商号仅仅是营业之构成要素且不影响营业之独立性,因此商号的转让与否取决于营业转让双方当事人的意思自治,并不与债务承担规则发生必然联系。《澳门商法典》第 113 条规定,企业(营业)在转让前发生的债务,其受让人承担责任须以载于必备账簿者为限。质言之,只要原营业之债务没有载于必备账簿之上,受让人就勿须对此债务承担清偿责任。因此,我们可以看出,澳门商法典的债务承担规则侧重于保护营业转让之受让人利益,重在维护交易安全及秩序,这一结论似乎与部分学者的观点相左。[①]

(二)免责事由

前已述及,一般情形下,营业转让之受让人在继续使用原营业之商号时,需要对此前原营业产生的债务承担清偿责任,但这一规则的适用也存在例外情形。[②] 即受让人继续使用商号但可免于承担责任的情形主要有两种类型:其一,营业转让双方当事人在签订营业转让合同之后,进行了受让人不承担此前产生债务的登记与公告;其二,转让双方当事人自签订合同后,转让人通知原营业之债权人,受让人不因此承担责任的情形。尽管上述免责事由的存在,对于促成交易的达成具有一定的激励作用,但免责事由第二项似乎是为了达到一定的正面效果,却产生了对交易安全及债权保护不利更大的负面影响,值得进一步斟酌。

相比较而言,《澳门商法典》将免责条件限于登记于必备账簿者,这一规定更加明确、精细,既可以达到促成交易的目的,也可以进而促使债权人履行必备的登记程序,保障交易安全。值得一提的是,《澳门商法典》第 113 条第 2 款规定,债权人免除债务人(转让人)因营业而产生的债务时,其法律效果是否及于营业转让之受让人。此时,答案应是肯定的,债务人的免除责任致使债权债务关系的当然消灭,即受让人与原债务人(转让人)均不再承担债务清偿责任。

[①] "从法律效果上看,澳门和香港特区的这种规定对于原营业债权人的保护更为强烈,但对营业受让人来说却有失苛刻。"参见滕晓春:"营业转让制度研究",2008 年中国政法大学博士论文,第 94 页。

[②] 例如《德国商法典》第 25 条第 2 款之规定、《日本商法典》第 26 条第 2 款规定以及《韩国商法典》第 42 条第 2 款之规定。

（三）限额规定

一般而言，大多数国家和地区的法律都对受让人承担的清偿责任没有数额限制，例如德国、日本、韩国、澳门等。但我国香港地区条例[①]却明确对营业之受让人承担的清偿责任进行了数额限制，其规定受让人对原营业债务承担的债务数额，不得超过转让营业的价值总额。

（四）受让人承担债务后的利益平衡

关于受让人承担债务后的利益平衡机制探讨，应首先明确一个前提是：受让人是否是债务的终极承受者。答案应是否定的，其原因在于，营业转让本质上与企业合并不同，企业合并意味着原始企业人格的丧失与企业债务的继承，而营业转让则不会涉及企业人格的消灭，债务随营业转让而转移或由受让人承担仅是法律保障债权人利益的权宜之计，但这并不等同于受让人一定是债务的终极承受者。明确营业之受让人不是此前营业债务的终极承受者，这一点非常重要。《澳门商法典》第113条第3款就规定了受让人对营业转让人的求偿权，但双方另有约定的除外。此外，德国、日本、韩国的商法却未对此进行明确规定。笔者认为，受让人是否享有求偿权，归根结底的决定因素在于受让人受让的营业是否包含债务以及受让人是否明确知道有此债务。例如，法国商法典中明确规定，营业转让的构成要素不包括债务，[②]那么如果受让人对营业之债务承担了清偿责任，就必须享有对营业之转让人的求偿权，这是出于对双方利益平衡考量的必要之举。但是，也有法律规定，受让人仅有义务对载于必要账簿之债权进行清偿，[③]那么此时，受让人是否享有求偿权就值得商榷了。因为，受让人在签订营业转让合同的时候，可以从现有的关于营业的基本情况进行全面的了解，从而将可能承担的债务风险

---

① 参见香港地区《业务转让（保护债权人）条例》第8条第1款规定的承让人承担有限责任，"倘承让人出于真诚及无偏袒之情形下，于转让生效日已清付为数与所购置业务价值相等之款项，以履行或局部履行其根据本条例之规定应承担之责任，则根据本条例之规定，毋须进一步承担责任，而承让人如非因有本条例之规定实可毋须承担此等责任。"

② F. Dekeuwer-Défossez et E. Blary-Clément, Droit commercial, Montchrestien, 8 éditon, 2004, n° 303. 转引自许瑛："法国营业资产法律制度研究"，2012年华东政法大学民商法博士论文，第26页。

③ 《澳门商法典》第113条规定：（一）对于企业在转让前因经营而发生之债务，企业取得人须承担责任，但以载于必备账簿者为限。参见中国政法大学澳门研究中心、澳门政府法律翻译办公室编：《澳门商法典》，中国政法大学出版社1999年版，第31页。

转嫁于合同价金上,这时候赋予受让人享有求偿权就显得不那么重要了。

三、受让人承担清偿责任的理论困境及检视

(一)债务加入与债务转移

在营业转让制度中,受让人承担原营业债务的清偿责任一直以来都是一个饱受诟病的问题。在一些国家和地区的商法中,[①]都明确规定了受让人在不继续使用原营业商号的前提下,通过发布公告或者刊登广告的形式明示自己承担原营业债务的清偿责任,勿须经过债权人同意便可发生效力。这一规定最富有争议的地方在于,缺乏对实践的引导意义。原因在于,这里受让人承担清偿责任的情形实际符合债务加入的构成要件,由此区别于债务转移。在债务加入的情形中,债务人通过明示的方式通知债权人自己愿意承担原债务人的债务,但此通知到达债权人的时候并非产生免除原债务人债务的法律效果,而实际上是给债权人增加了一层实现债权的保险。而在商事实践中,受让人基本不会作出这样的意思表示,因为受让人继受营业的目的在于通过参与营业经过活动获取商业利益,然而,这一目的与受让人实施债务加入的行为似乎永远绝缘,这也导致在现实案例中,这一条款的规定似乎没有什么用武之地。

(二)商号使用与债务承担

学者们主要质疑的是《德国商法典》第 25 条第 1 款、《日本商法典》第 26 条第 1 款以及《韩国商法典》第 42 条第 1 款的规定,在上述条款的规定中,实际确定了"债务随商号使用而转移"[②]的规则。这一规则的确立,对商事实践的影响甚远,也是学界最饱受争议的问题。其中,在商号随营业转让而转移的情形中,原营业之债务由受让人承担规则的内在机理是什么?尽管法律同时规定了受让人可以通过登记和公告进行免责,但其法理基础又是什么?这些都是重要的争议焦

---

① 参见《德国商法典》第 25 条第 3 款、《日本商法典》第 28 条、《韩国商法典》第 44 条的相应规定。
② 所谓"债务随商号使用而转移"的规定,是指在营业转让中,如果商号随营业转让一并转移,那么原营业之债务由受让人承担;反之,如果商号不发生转移,原营业之债务也不发生转移。

点。

根据传统民法理论，债务的转移与债权的转移不同，债务的转移因其涉及债权人债权能否实现的关键意义，因此，必须事先征得债权人的同意，债务的转移方能发生效力。这一传统民法的一般规则与"债务随商号使用而转移"规则明显相悖。在后者的具体行使中，笔者总结得出三个争议焦点：即原营业债务之转移勿须经过债权人同意，这是其中一个争议点；决定债务是否发生转移的根据是商号是否转移，这是另一个争议点；即使发生在商号转移的情形，营业之受让人仍可通过登记或公告的行为，免除自己承担原营业之债务的清偿责任，这是最后一个争议点。德国的著名学者卡纳里斯也质疑道，"重要的实践作用只在于那些出让人缺乏偿债能力的案例。"[①]为此，他进一步举例证明自己的观点，在一起上诉案件中，[②]德国的三级法院都认为只要符合第 25 条第 1 款的构成要件，债权人就能获得胜诉。他毫不客气地指出，这样的规定很可能会是更多企业破产的直接肇事者。在许多使用《德国商法典》第 25 条第 1 款规定的案例中，转让人的偿债能力早就因为企业的经营不善，在进行营业转让之前就出现了问题。这就等于说原营业之债权人在几乎等同于很难实现自己的完整债权的情形下，由于营业转让行为的出现，债权人惊喜地发现，原本债务人不能实现的债权，可以通过《德国商法典》第 25 条第 1 款的规定的适用让营业之受让人来转移承担，这不可谓不是一个大大的惊喜。然而，这样的规定对受让人而言，则是一个潜在的危机。一方面，营业转让所需面临的金钱给付本就可能对受让人的资金带来不小的压力，又面临突如其来的清偿责任，这样一来，就更可能造成财务上的崩盘。另一方面，即使受让人顺利地完成了债务的清偿，但是由于转让人本身财务状况的紧张，其仍然极有可能无法获得足额的补偿，进而导致一个健康企业的瞬间崩盘。

尽管，《德国商法典》第 25 条第 1 款关于营业转让之受让人承担债务的规定受到众多学者的诟病，但也获得包括立法者在内的众多学者的支持与肯定。例如，有观点认为，营业转让之受让人对商号的继续使用实际上暗含了一层意思表示，即承受转让人的债务。这种观点实际上被立法者所支持，在德国商法典的立法理

---

① C.W.卡纳里斯著、杨继译：《德国商法》，法律出版社 2006 年版，第 158 页。
② 一个商号为"K.R.金属加工有限责任公司"陷入财务危机，一个此前就以"K.R.有限商事合伙"为商号的合伙企业继续经营了该公司的营业，接受了该公司原有的厂房、机器设备以及部员工。后来，一个原有限责任公司的债权人起诉要求合伙企业承担有限责任公司的债务，德国三级法院都判决支持了债权人的诉讼请求。C.W.卡纳里斯著、杨继译：《德国商法》，法律出版社 2006 年版，第 158-160 页。

第六章　营业转让中的债权债务关系及责任承担

由书中写道，"随营业转让继续使用商号的受让人，通过受让营业的客观行为，隐藏了最大限度加入营业关系中去的意思表示。"但是，正如卡纳里斯所质疑的那样，在一般商事实践中，营业转让的受让人在绝大多数情况下是很难有兴趣和动机参与到过去营业的债务中去，毕竟这与其受让营业的根本目的相去甚远。甚至，此处不能理解的是，承载意思表示的行为不是法律行为，而是一种事实行为——客观上表现为实际使用商号的行为。最终，经过一系列的反驳与论证，卡纳里斯得出最后结论——即《德国商法典》第25条第1款是一个缺乏明了的、正当内涵的、脱离系统的规范。[①] 尽管《德国商法典》第25条第1款的规定客观上将营业之受让人的境地置于尴尬的状态，也备受学者的质疑，但其在历经百年的修订中依然屹立不倒，足以说明这一规定内在的合理性与必要性，笔者认为，可以从以下几方面来进行理解。

其一，利益平衡下的取舍保护。在现代社会中，各种冲突的背后，本质上都是利益的较量。当法律面临各种利益冲突的局面时，必须在利益衡量的大局观下均衡考量，则其重者保护之。在一般商事实践中，营业转让的受让人利益与原营业之债权人利益是一对冲突利益，单就利益总量与利害关系人来说，一个受让人可能面临众多债权人，因此，运用风险分担规则，此时应该侧重保护受让人之利益。但仅仅运用风险分担规则得出的结论并不具有足够的说服力。相比较而言，风险控制理论在此则更具合理性。在营业转让的规则机理中，尽管营业转让之受让人面临对原营业之债务承担清偿责任的局面，但是受让人依然可能通过客观行为对上述局面造成的不利进行规避和控制。在营业转让的缔约过程中，受让人可能将受让营业后面临的债务风险转嫁到合同价金的数额上，通过对合同价金数额的控制，从而达到控制自身面临风险的效果。如此一来，从客观效果上，债务的最终承担者还是转让人，而非受让人，所不同的是债权人债权的实现实际上是通过受让人的手用转让人的金钱进行清偿罢了。

其二，《德国商法典》第25条第1款之规定不是债务转移，也不是债务加入。从体系结构观之，继续使用商号的行为，并非必然对应了营业之受让人承担原营业之债务清偿责任的结果。一方面，法律规定了继续使用商号的受让人需要对原营业之债务承担清偿责任；另一方面，也规定了营业受让人可以通过登记或者公告的形式免除自己的债务承担责任。笔者认为，这样的"一般加例外情形"的规

[①] C.W.卡纳里斯著、杨继译：《德国商法》，法律出版社2006年版，第169页。

制模式最大限度地体现了制度的合理性。原因存在于以下两种情形中：第一种情形，营业转让之受让人在营业转让合同的缔约过程中，已经将未来可能承受的债务风险转嫁到合同对价上去，此时，在合同履行完毕后，要求受让人承担对原债权人的债务责任是合情合理的；第二种情形，当营业之受让人在合同缔约阶段不知晓债务的存在，从而无法将未来可能面临的债务风险体现在合同对价中时，当合同履行完毕后，赋予受让人一个通过登记或者公告免除自己责任的形成权，对于保护受让人利益和债权人利益都是非常适当的。

综上所述，笔者得出的基本结论是，要求继续使用商号的受让人对原营业之债务承担清偿责任的规则具有相当的合理性，但此时的责任并非绝对责任，且受诉讼时效限制，兼具有例外情形，不能一概而论。

第三节 营业转让中债权人的利益保护机制

单纯的契约关系只涉及合同双方利益关系之平衡，营业转让作为一种特殊的契约关系，它除了客观上要求合同双方当事人协商一致外，还牵扯到众多的法律关系，例如多数股东与少数股东之间的利益冲突、受让人与债权人之间的利益冲突、受让人和转让人与劳动者之间的劳动关系承继，等等。其中，本节重点探讨与债权人利益保护相关的内容。

一、营业转让中债权人利益保护的法理基础

一种观点认为，公司债权人利益保护的法理基础在于公司的社会责任。所谓公司社会责任是指，[1]现代社会中的公司不再以简单的利益最大化为公司的唯一目标，它还应当兼顾公司与员工、公司与消费者、公司与债权人、公司与其他竞争者以及公司与环境安全、社会安全与稳定等众多利益冲突的平衡，其背后的理论依据是利害关系人理论。在公司的利害关系人理论中，除了作为公司直接投资者的股东外，公司的生存与发展还直接或间接地与员工的辛勤工作、消费者的购买、

---

[1] 公司社会责任一词，起源于美国，其含义是公司不能仅仅以最大限度地为股东们盈利或者赚钱作为自己存在的唯一目的。参见刘俊海：《公司的社会责任》，法律出版社1999年版，第6-7页。

债权人的信任、环境的包容与社会的稳定有关，这些相关者都可以被视为与公司具有利害关系，因此，在公司的经营目的中，在公司为股东带来经营利益的同时，还应当兼顾其他利害关系人的利益。

与公司社会责任观点不同的是，效率追求与交易安全的平衡。美国商法学界及法经济学界的主流观点一致认为现代公司的构成就是一系列的契约关系。这一系列的契约关系包括公司本身与原材料提供方的供应契约、与劳动者的劳动关系契约、与消费者的买卖契约以及与债权债务人的一般契约，等等。[①]尽管，该理论中涉及的债权人并不能直接等同于我国民法中的债权人一词，但也能够在一定程度上反映出现代社会公司发展的核心在于契约关系。从另一种维度出发，公司的利益追逐与债权人的利益保护分别代表了民商法中两种不同的价值追求，即效率与交易安全。质言之，契约关系的达成与实现公司的盈利能力成正比，而对债权人的利益保护则是对潜在交易安全的维护。因此，可以说现代公司法的一个重要使命就是寻找效率与交易安全的最佳结合点。

二、营业转让中债权人的保护制度

（一）契约条款的防范与保护

对于任何利益的保护都分为事前预防和事后弥补，营业转让中债权人的保护也不例外。在现代社会与公司有关的交易中，债权债务关系的形成基本都是与合同文本为载体，因此，债权人在合同缔约与协商的过程中，是对交易风险进行事前防范的最佳时机。一般而言，债权人在签订合同之前，为保证交易安全与合同目的的顺利实现，都需要对交易相对方进行尽职调查，其中基础性的尽职调查内容包括企业的基本信息及其他信息、法律关系尽职调查、财务状况调查及法律争议等。[②]除此之外，基于对交易相对方经营状况与偿债能力的基本评估，可以在合同条款的设置上最大限度地降低交易风险，例如强制设定抵押、约定较高利率及所有权保留等措施来控制风险。在商事实践中，金融机构与公司的发展联系最为

[①] Jensen & Meckling,Theory of the Firm:Managerial Behavrior,Agency Costs and Owner ship Strcture,3J.FIN.Econ.305,360(1976).转引自罗培新：《公司法的合同解释》，北京大学出版社 2004 年版，第 22-23 页。

[②] 参见许德风："论企业卖买——以瑕疵与缔约行为为中心"，北京大学 2004 年民商法博士论文。

紧密，一般情形下，金融机构都是公司的最大债权人，金融机构往往为了防止和控制资金的风险，在与债务公司的合同缔结过程中，通常利用融资租赁、设定抵押以及约定短期高利率等方式来保障资金的安全。即便是公司在经营过程中资不抵债，状况不容乐观，金融机构也还是享有优先受偿权来达到风险控制的目的。因而，在一定程度上，债权人在缔约过程中内化为合同条款的事前防范，往往成为债权人利益保护的重要手段。

（二）债权人的知悉权

1.知悉权的表现形式

根据传统的信息对称理论，债权人的知悉权有众多表现形式，其中，最为重要的即是：债务加入的通知与债务转移的同意。

一般而言，债务承担因其效果的不同可分为：债务加入与债务转移（又被称为并存的债务承担和免责的债务承担）。[①]在实践中，债务加入的形式一般表现为债务人与第三人订立契约并通知债权人的形式与债权人与第三人订立契约的形式，在营业转让的场合中，本书只讨论第一种情形；而债务转移则一般表现为债务人与第三人订立契约，并征得债权人同意的形式。

尽管，债务加入的通知与债权让与的通知不同，但仍然有以下几点是值得关注的：其一，债务加入的通知内容虽与债权让与的通知内容不同，但二者在性质上具有一致性，即同属于观念上的通知，[②]当通知到达被通知人即发生效力，而不必征得其同意。在法律效果上，债务加入的客观结果并不会对债权人的债务实现增加负担，相反，是对债权实现的一种双重保障。因此，与债权让与的通知相似，债务加入的通知也准用意思表示的规定，而无须得到债权人的同意即可生效。其二，通知的主体宜规定为营业转让的双方当事人与债权人。有观点认为，债务加入的通知无关债权人债权实现的负担。因此，无论是营业转让的受让人，还是转

[①] 也有学者认为，债务承担可分为：免责的债务承担和并存的债务承担。参见郭娅丽：《营业转让的规则分析》，法律出版社2011年版，第125页。

[②] 通说认为，债权让与的通知性质为观念通知，而观念通知的性质为准法律行为，准用意思表示的规定，以到达债务人或为债务人了解时发生效力，且不必得到债务人之承诺。与此相对应，债务加入的客观效果与债权让与基本一致，同样表现为通知达到债权人即发生效力且不必征得债权人同意。参见杨明刚：《合同转让论》，中国人民大学出版社2006年版，第154页。申建平：《债券让与制度研究——以让与通知为中心》，法律出版社2008年版，第147页。

让人通知债权人都可以产生债务加入的法律效果。尽管事实上的客观效果的确如此，但是当债权人仅仅收到受让人发出的债务加入的通知，并不能让债权人产生足够的内容确信，因为，债权人并不一定知晓营业转让行为的存在，任何不特定的第三人均有可能对债权人发出类似的通知。所以，笔者主张通知的主体应是营业转让之双方当事人为较佳选择。其三，通知的形式因其关涉的利益较为重大，应选择书面通知为宜。其四，关于通知的内容，目前并无法律确定之模式，但笔者认为，一个有效的通知至少应该具备两个要件：[1]即加入债权债务关系的明确与具体数额的确定。其五，通知一旦到达债权人，债务加入行为的效力便生效，债权人即可向营业转让之受让人主张债权。

债务转移中的同意，因为直接关涉债权人债权能否实现的核心利益，因此，必须经由债权人知晓与同意，方能发生债务转移的法律效果。值得一提的是，债务转移的同意在性质上与上述通知不同，同意在本质上是意思表示的一种，它的客观效果类似于承诺，但又有所不同。具体而言，承诺的通知到达邀约人，才发生效力，而债务转移的同意则表现为，一经债权人同意就产生相应的法律后果。

2.营业转让中知悉权的具体规定

营业转让中，涉及债权人保护的核心都是围绕债务承担展开的。在《俄罗斯联邦民法典》第 8 节围绕"企业的出卖"的相关规定中，对债权人在营业转让中享有的权利包括知悉权、[2]要求提前履行债务、[3]确认合同无效或部分无效以及要求受让人承担连带责任[4]等权利。除此之外，值得我们进一步关注的是，《俄罗斯联邦不动产登记及相关法律行为登记法》（以下简称《不动产登记法》）对于营业转让登记的相关规定。与德国法相类似，并同时与法国法相区别，俄罗斯民法

---

[1] 申建平：《债券让与制度研究——以让与通知为中心》，法律出版社2008年版，第232页。

[2] 所谓的知悉权是指，营业转让时，买卖合同的一方应当以书面合同的方式通知债权人。合同双方没有按照规定的程序通知债权人的，债权人可以自其知道或应当知道企业由出卖人转移给买受人之日起 1 年内提起诉讼。参见黄道秀、李永军、鄢一美：《俄罗斯联邦民法典》，中国大百科全书出版社1999年版，第 243 页。

[3] 债权人没有以书面的形式通知出卖人或者买受人其同意债务转移的，有权自收到关于企业出卖通知之日起的 3 个月内要求终止或提前履行债务并由出卖人赔偿由此产生的其他损失。参见黄道秀、李永军、鄢一美：《俄罗斯联邦民法典》，中国大百科全书出版社1999年版，第 243 页。

[4] 出卖人未经债权人同意而将营业资产进行转让的，营业转让的双方当事人对债权人承担连带清偿责任。参见黄道秀、李永军、鄢一美：《俄罗斯联邦民法典》，中国大百科全书出版社1999年版，第 243 页。

也将营业视为一种不动产，在 1997 年 7 月生效实施的《不动产登记法》中规定，对作为财产集合体的权利以及相关的法律行为的记录统一纳入国家登记簿记载，由该客体地理位置所处的行政区划内的不动产登记管理机构来实施。与此同时，还规定了作为营业之构成要素的不动产可以进行分别登记，但对于二者之间相互协调的规则需要由获得授权的俄罗斯联邦权力机关进行规定。需要特别指出的是，俄罗斯联邦民法典与不动产登记法都注意到了将营业视为不动产后，在权利登记协调上的难题，并试图通过授权规则来解决，这一问题也是我国将来必将面对且绕不开的难题。

除此之外，《美国统一商法典》关于营业转让中债权人利益的保护也做了相关规定。[①]除了大宗转让的转让人应发布在本项大宗转让后不再从事相同类似的营业通知外，大宗转让的受让人在受让营业之前的 45 日内通知债权人即将发生的交易。同时，该法典还规定了当转让人的债权人为多数时，受让人勿须与每一个债权人进行点对点的通知，只需要以备案的方式进行即可。反观法国关于营业转让中债权人的知悉权规定，则暗藏于严谨而又复杂的公示制度之中。其一，早在 19 世纪形成的商业惯例中，就已经确定了商事营业资产进行公示的规则雏形，1909 年的《商事营业资产买卖质入法》也将其在法律层面进行确认。其二，关于营业资产的转让规定了不同地域范围的公示制度。具体而言，一方面，法国法要求受让人在签订营业转让合同之日起的 15 日内，在所在区域的具有法律公告专栏的报刊上公告；另一方面，在相同的时间要求下，要求受让人就营业转让的相关事宜在《民商事公告之官方公报》上进行。此外，债权人除了可以通过上述公示制度了解与营业转让相关的事宜外，还享有异议权与竞价权。[②]

（三）债权人的撤销权

在营业转让中，债权人的撤销权与我国合同法上的债权人撤销[③]不无联系。

[①] 参加美国法学会、美国统一州法学会：《美国〈统一商法典〉及其正式评述》，中国人民大学出版社 2005 年版，第 304 页-310 页。转引自郭娅丽：《营业转让的规则分析》，法律出版社 2011 年版，第 127 页。

[②] 前文已详述。

[③] 参见我国《合同法》第 74 条之规定，"因债务人放弃其到期债权或者无偿转让财产，对债权人造成损害的，债权人可以请求人民法院撤销债务人的行为。债务人以明显不合理的低价转让财产，对债权人造成损害，并且受让人知道该情形的，债权人也可以请求人民法院撤销债务人的行为。"

第六章　营业转让中的债权债务关系及责任承担

营业转让中债权人撤销权适用的场域是指,债务人(转让人)通过低价或无偿转让营业财产等行为减少公司固定资产及偿债能力,从而损害债权人债权实现的行为。关于商法中的撤销权,最早可以追溯到《英国伊丽莎白法案》时期,该法案的基本目的在于"防止那些通过合谋的转让行为,转移负债人的财产从而损害善良债权人的利益。"[①]其后,美国在该法案的基础之上,通过对商事实践的总结归纳以及对各州法律的应对之策进行分析,于1918年通过了《统一欺诈交易法》,进行通过对该交易法的修订,最终于1984年形成了《统一欺诈性转让法》,这是迄今为止世界范围内关于撤销制度最具代表性的法律之一。

结合该法律的相关规定,关于债权人撤销权的行使,其实是围绕两个核心内容展开的:即欺诈性转让行为的认定与债权人的救济。

在欺诈性转让行为的认定过程中,有一个前置性的条件需要证成,即《统一欺诈性转让法》中的产权转让是否包含了营业转让。笔者通过对该法案第1条关于"产权转让"规定的解读,所谓的产权转让,实际上包含了每笔金钱的支付、转让、放弃以及财产的抵押担保与权利或其他担保物权的创设,将该条款做扩大解释,理应包含营业转让的情形。在此基础之上,该法案所规定的欺诈性产权转让的认定在实践中表现为两种形式:即事实欺诈与推定欺诈。[②]事实上,区分事实欺诈与推定欺诈的界分主要在于是否具体考察债务人的主观心态,事实欺诈要求行为的主观心态具有侵害债权人的主观恶意并且实施了客观行为,而后者则无须主观上的要件,仅凭一些客观上的行为及特征就能作出判断。这些行为和特征包括:(1)债务人已经资不抵债仍强行进行营业转让或产权转让;(2)营业转让以明显的低价缔结合同并完成履行;(3)其他招致债务人资本余额减少的情形。[③]除此之外,为了增加实务中的可操作性,《统一欺诈性转让法》还规定了11种欺诈标识[④],巩固法案的行为引导及裁判作用。

[①] 汪华志:《公司欺诈性财产转让行为及其法律控制》,中国检察出版社2007年版,第88-89页。

[②] 所谓事实欺诈是指,债务人主观上有妨碍、延误、欺诈目前和将来债权人的转让行为;所谓推定欺诈是指,从行为的客观特征及结果来分析,勿须考虑行为人的主观意图,只要具有欺诈债权人的事实,就推定为欺诈。参见汪华志:《公司欺诈性财产转让行为及其法律控制》,中国检察出版社2007年版,第226页。

[③] 汪华志:《公司欺诈性财产转让行为及其法律控制》,中国检察出版社2007年版,第226-227页。

[④]《美国统一欺诈性转让法》规定的11中欺诈标识,包括:(1)向内部人转让财产;(2)财产转让后,债务人保留财产的所有权或控制财产;(3)转让财产行为被揭发或被故意

该法案围绕的另一个核心即债权人的救济,在上述欺诈性转让的认定基础之上,具体的债权人的救济措施应当根据债权的到期与否采用不同的方式区别对待。具体而言,对待尚未到期的债权,法院可以依据起诉采取提存保管措施、且在特殊情形下还可以采取撤销处分行为的措施①;与之相对应,对于到期的债权,债权人可以向法院提出:取消该项产权转让或废止义务,除非能够完成债权的清偿。②

(四)债权人保护与连带责任制度

一般而言,连带责任是指特定法律关系的多数债务人违反法律规定或约定的义务,债权人可以向任何一个债务人请求承担责任的法律制度,其制度的主要功能在于为债权人债权的实现构筑双重保险。传统民法中,连带责任的产生可能包括:共同身份、共同过错、共同原因、共同行为以及共同结果,表现在营业转让的连带责任类型中一般可归结为共同行为。基于此,笔者将营业转让中转让人与受让人承担连带责任的情形分为两种基本类型:其一,营业转让包含商号的情形;其二,其他特殊情形,如转让人与受让人未履行通知义务或具有恶意串通损害债权人利益的情形。概括起来,营业转让中转让人与受让人的连带责任制度价值主要体现在两个方面。

一方面,连带责任制度促使转让人与受让人之间产生风险激励。在现代激励理论中,张维迎先生认为,③关于个体激励的最核心内容是将个人行为的外部性内部化,通过相应规则的施加,客观上达到个体将社会成本与社会收益转化为私人成本与私人收益,进而通过个体的最优选择实现社会的最优。在这个意义上,从

隐瞒;(4)在转让财产前,债务人被起诉或被起诉威胁;(5)债务人几乎所有的财产被转让;(6)债务人潜逃;(7)债务人转移或隐藏财产;(8)债务人获得的对价与被转让财产的价值数额相比极不合理;(9)债务人无清偿能力或者财产转让、义务发生后债务人旋即无清偿能力;(10)在巨额债务发生前不久或者不久后转让财产的;(11)债务人将主要的商业财产转让给担保权人,该担保权随后将该财产转让给债务人的内部人。参见王海明:"美国《统一欺诈性转让法》一瞥及其借鉴",载《环球法律评论》2007年第2期,第77-80页。

① 对未到期债权:(1)防止被告处分财产;(2)制定清算人保管财产;(3)取消产权转让或废止义务;(4)视案件情形发展的要求作出任何命令。参见汪华志:《公司欺诈性财产转让行为及其法律控制》,中国检察出版社2007年版,第227页。

② 《美国统一欺诈性转让法》第9条第1款。参见汪华志:《公司欺诈性财产转让行为及其法律控制》,中国检察出版社2007年版,第227页。

③ 张维迎:"作为激励机制的法律",载《信息、信任与法律》,生活·读书·新知三联书店2003年版,第83页。

另一个角度理解，个人的激励机制也等同于个体的责任机制，通过责任的施加来达到对个体行为的指引。那么，怎样的规制设计才能达到个体行为指引的最佳效果？信息对称理论认为，在个体与个体之间的法律行为中，对具有信息优势的一方当事人施加不具备信息优势的相对人同等的风险责任，就能最大限度地使个体行为的外部性内部化。这个规则同样适用于营业转让的相关制度设计中，例如，受让人与债权人的利益冲突。受让人作为具有信息优势控制地位的当事人，如果对其行为进行连带责任的风险指引，就会必然降低受让人与转让人恶意串通损害债权人利益等外部性后果出现的概率。因此，一个制度的设计如果让具有信息优势地位的当事人承受相对方同等的风险责任，那么这样的制度也是对他自身行为的最佳激励。[1]就整个社会而言，这一规则也不失为衡量一种良好制度的标准。

另一方面，连带责任制度强化了债权从程序到实体实现的可能性。从程序意义上，连带责任制度意味着债权人既可以选择转让人承担清偿责任，也可以选择受让人承担清偿责任。一般而言，债权人可以选择更具有偿债能力的相对人承担清偿责任，债权人的选择权往往能使债权人债权的实现更具效率。从实体意义上，营业转让虽然造成"构成债务人责任客体之财产变化不定、景气无常、财产之散逸非债权人所能预见或控制"[2]的客观状况，但连带责任制度却将受让人与转让人（债务人）紧紧地绑在了一起。事实上，连带责任的客观效果的等同于保证责任，连带责任的责任方当事人都必须以自身的全部财产进行清偿，以保障债权的实现。这无疑在客观上达到了强化债权实现的效果。

三、案例分析：营业转让——债权人的梦魇

（一）石林县下部龙煤矿、周荣华等与泸西县农村信用合作联社（以下简称"泸西县农信社"）金融借款合同纠纷。[3]

在最高人民法院审理该纠纷中查明，再审申请人下部龙煤矿与泸西县农信社达成借款协议并签订《抵押合同》，其中《抵押合同》内容载明下部龙煤矿用其机器设备为借款提供抵押担保，但泸西县农信社自抵押合同签订后未向工商管理

---

[1] 张维迎："作为激励机制的法律"，载《信息、信任与法律》，生活·读书·新知三联书店 2003 年版，第 162-164 页。

[2] 王泽鉴：《民法学说与判例研究》（第 4 册），中国政法大学出版社 1997 年版，第 125 页。

[3] 最高人民法院再审（2015）民申字第 681 号民事裁定书。

部门办理抵押登记。期间，下部龙煤矿进行资产转让（转让人：周志伟、梁洪兴；受让人：周荣华），在转让过程中，转让人及受让人未对转让前的债权债务进行清理，也未将转让的实时情况告知泸西县农信社，后产生纠纷并诉至法院。据此，最高人民法院判决如下：（1）下部龙煤矿及周荣华关于农信社因动产抵押登记瑕疵以及怠于行使抵押权应承担相应过错的主张，本院不予支持；（2）从依法公平保护债权人合法权益的角度衡量，原审法院判令下部龙煤矿、周荣华以及周志伟、梁洪兴对农信社享有的案涉债权承担连带责任。

在上述案例中，尽管法院最终作出有利于债权人的判决，但仔细翻阅裁判文书的裁判事实与裁判观点，不难发现法官在作出判决时因缺乏相应的法律规范而表现出的无奈。在营业转让中，对于债权人的利益保护，结合域外地区的法律制度，笔者认为应该着重强调以下几点。

第一，契约条款风险防范意识的缺失。前已述及，契约条款风险防范措施是当事人在缔约过程中为防止事后风险而采取的事前预防措施，是当事人合理控制风险的重要手段。在本案中，泸西县农信社虽然与借款人签订了有关机器设备的抵押合同，但由于机器设备的抵押属于动产抵押，在我国法律上需要在工商登记管理部门办理抵押登记才具有对抗效力。泸西县农信社疏于办理抵押登记，为事后造成营业发生转让、债务人财产减少的情形埋下伏笔。

第二，营业转让中未就债权债务关系的处理情况告知债权人。无论转让人周志伟、梁洪兴是否就债务存在的事实告知受让人周荣华，还是双方当事人合谋损害债权人利益，在本案中表现为：对债权债务关系的处理置之不理，且未就营业转让之事实告知债权人。因此，根据包括德国商法典、日本商法典、法国商法典在内的众多国家和地区的规范，转让人与受让人都违反了相应的告知义务，致使债权人的知悉权被实质架空。

第三，转让人与受让人的连带清偿责任。尽管在判决书中并未找到让转让人与受让人承担连带清偿责任的直接依据（这也是法官的无奈之处），但令债权人感到庆幸的是，法官最后根据"依法公平保护债权人合法权益的角度衡量"，肯定了债权人的合法权利。前已述及，营业转让之双方当事人违反公告及通知义务损害债权人利益的，债权人有权要求转让人与受让人承担连带清偿责任，可见，此处法官的判决显然已经受到了国外立法例的影响。

第四节 一种特殊的债权债务关系——劳动合同的继受

一、基于部分国家和地区的法规范考察

在理论层面，关于劳动合同的继受一直是一个饱受争议的问题，其中最具有代表性的是"企业利益说"与"职工利益说"。重视职工利益的学说认为，营业转让的客体是包含各种动产、不动产等有形财产和无形财产与各种事实关系的有机结合体，包括企业的机器设备以及技术人员在内的众多构成要素，因此，劳动合同的承继应当是营业转让的应有之义。与此相对应，关注企业利益的学说产生分支，其中一个分支学说认为，劳动关系的承继应当尊重企业的意思自治，即便是劳动关系随营业转让发生当然的转移，也并不意味着针对所有劳动者都有效，这是与企业利益相违背的。

在法规范层面，《德国商法典》对营业转让中劳动关系的承继进行了确认，但同时也进行了例外规定。[①]相比较而言，英国《企业转让（劳动保护）条例》第5条之规定，确认了受让人无条件接受转让人此前的劳动合同关系，并规定这些合同与受让人自己订立的合同具有同等地位，由此可见，英国法上的规定在于强调劳动关系的连续性与一致性。[②]与德国法和英国法态度截然不同的是美国判例法的观点，雇主可以随意解除与雇员之间的雇佣合同关系且不必说明任何理由，因此，在营业转让中，受让人可以根据自己的意志作出是否接受此前劳动合同关系的决定。[③]但笔者认为美国判例法的观点存在一定的误读和曲解。任何一个国家和社会都不会将劳动关系的稳定置于如此尴尬的境地，雇佣者即便可以根据自己的意志决定是否继续维持雇佣合同关系，但同时也需要对自身的任意决定承担经济成本，例如，雇佣者因解除雇员而支付的必要劳动补偿费用。但尽管如此，美国判例法对受让人意志的尊重与重视是不容置疑的。

[①] 参见《德国商法典》第111条第1款，"取得人继受转让人与企业员工订立之劳动合同所产生之权利及义务，但转让人与取得人之间于转移前约定有关员工继续在另一企业为转让人提供服务者除外。"

[②] Patric Elias QC et al. Transfer of Undertakings: The Legal Pitfalls[Z].1994.2.

[③] 道格拉斯·L·莱斯利：《劳动法概要》，中国社会科学出版社，1997年版，第18页。

二、劳动合同继受在我国的制度基础

关于营业转让中劳动合同的继受问题，目前我国并没有相关法律规范直接设计，但这并非意味着我国我没有劳动合同继受的制度基础。

1989年国家体改委、国家计委、财政部、国有资产管理局印发《关于企业兼并的暂行办法》第9条明确，[①]在关于社会保障的基本制度普遍欠缺的情形下，被兼并企业的职工（劳动者）原则上由兼并企业接受。1999年国家经济贸易委员会印发《关于出售国有小型企业中若干问题意见的通知》第9条规定，[②]出售企业的全部职工原则上由购买者负责妥善安置，并参加各项保险。对出售后愿意继续留在该企业工作的职工，购买者应当重新签订劳动合同；自谋职业的劳动者可按照当地政府规定领取安置费。2003年国务院国有资产监督管理委员会《关于规范国有企业改制工作的意见》进一步指出，[③]在国有企业改制过程中，关于企业职工的安置方案必须经过职工代表大会的表决通过，改制后的企业要按照有关要求及时为职工接续工伤、医疗、失业以及养老等各项社会保险关系。其后，2005年国务院办公厅发布《关于进一步规范国有企业改制工作的实施意见》进一步对上述改制过程中职工安置工作的要求进行确认。[④]除此之外，在外资并购中也有类似的规定，2003年由国家经济贸易委员会、财政部、国家工商总局和国家外汇管理局联合发布的《利用外资改组国有企业暂行规定》中规定改制企业的职工安置方案与职工代表大会决议构成转让协议的重要组成部分。在地方层面，也有法规对企业改制、并购情形中劳动合同及职工安置问题进行的规定，例如《关于实施<上海市劳动合同规定>若干问题的通知（三）》，就规定了兼并后存续的企业或者改制后的企业应当承认劳动者及劳动关系的连续性与一致性，质言之，劳动者在企业改制或兼并之前享有的各种社会保险福利均要由后者继续承担，并且工作年限的认定不得重新起算。2008年实施的《劳动合同法》第34条规定，"用人单位发生合并或者分立等情况，原劳动合同继续有效，劳动合同由承继其权利和义务的用

[①] 参见1989年2月19日国家体改委、国家计委、财政部、国家国有资产管理局印发《关于企业兼并的暂行办法》[1989]38号文件。

[②] 参见1999年2月11日国家经济贸易委员会国经贸中小企[1999]89号文件。

[③] 国务院办公厅转发国务院国有资产监督管理委员会关于规范国有企业改制工作意见的通知（国办发[2003]96号）文件。

[④] 国务院办公厅《关于进一步规范国有企业改制工作的实施意见》（国办发[2005]60号）文件。

人单位继续履行。"

由此可见,尽管在立法层面,我国目前还没有关于营业转让中劳动关系承继的规定,但是就行政法规、地方性法规和部门规章而言,我国已经积累了不少关于企业兼并以及国有企业改制过程中关于劳动合同关系的承继问题以及劳动者保护问题的有益经验。因此,笔者认为我国目前是具有规定营业转让中劳动合同关系承继以及进行劳动者保护的制度基础的。

三、营业转让中劳动合同的承继

从上述法律文件的解读中,我们可以发现政府对国有企业改制与企业并购中对劳动关系的处理大多要求存续企业全盘接收,而这些法律文件也规定了例外情形,给企业双方保留的协商的空间。因此,笔者认为,在营业转让中劳动关系的承继问题的把握上应当总体上坚持受让方企业全面接收的原则,保留解除劳动合同补偿劳动者的例外情形。

一方面,基于合同的严守原则,转让人和受让人如果可以通过营业转让等经营活动将劳动关系置于悬而未决的境地,那么无异于合同一方单方解除合同。然而,合同的解除必须满足法定的解除条件或满足约定的解除事由,不能基于一方当事人的任意意思表示而解除,且营业转让也不符合合同解除的法定要件。事实上,营业转让行为不过是企业的正常经营行为,如果允许企业任意毁约,那么保障劳动者合法权益的劳动合同将成为一纸空文。另一方面,根据西方劳动力产权理论,劳动者通过劳动将自己的技能和时间奉献给公司,这些技术付出并不随劳动报酬的给付而消失,而是同股份一样形成企业的永久积累与财富。此外,劳动者的技术与劳动还可能具有跟公司的高度匹配性,换句话说,劳动者所掌握的技能是与这家公司所需的生产高度匹配的,劳动者一旦失业这些技能将毫无用处。因此,即便是在营业转让中,受让人通过补偿解除与劳动者的劳动合同关系,但对于被解除合同的劳动者而言,都是一种莫大的损失和漠视。

值得一提的是,法律也不宜一劳永逸地将营业转让中劳动合同关系的承继问题固定化。在现代企业的经营管理中,企业的用人成本占据了企业所有成本的重要部分,因此,合理控制企业的用人成本是每一个现代企业所必须面临的难题。在营业转让场合,受让人通过受让营业从而参与到该行业的经营活动中来,作为行业新进的参与者,沿用营业此前的劳动者与技术员工似乎对受让人并无损失、甚至大有益处。但此情形却在特殊场合例外,例如受让人与受让营业本就属于相同竞争行业,受让人通过受让营业的目的不在于继续沿用此前营业的商号与商业声誉,而是在于扩大经营规模,两个相同的营业发生重合势必产生劳动者的拥挤现象,从而造成用人成本的浪费。因此,我们不能对营业转让中劳动关系的承继问题固定化,须适当地为营业转让之受让人留有余地。

本章小结

本部分是本书的核心部分。

营业转让中债权债务关系是否一并发生转移,我国的现有法律并没有作出具体规定,司法实践中也莫衷一是、各执一词。司法实践中,有判例观点认为,原转让人的债权债务关系随营业转让一并转让。[1]也有判例观点认为原转让人的债权债务关系不随营业转让而转移。[2]从上述案例的总结中,我们不仅要追问两个问题:其一,在判决受让人应当对转让人之前的债务承担清偿责任依据何在?其二,在营业转让的场合,债权债务关系究竟遵循怎样的清偿规则?事实上,在回答上述问题以及研究债权债务是否会随着营业转让而发生转移的问题之前,最重要的问题是明确转让行为的法律本质是什么。转让人的债权债务关系是否随营业转让而转移,本质上取决于营业资产构成要素的认定。如果将转让人的债权债务认定为营业之构成要素,那么,债权债务就与其他营业资产构成要素一并形成组织化的有机财产整体,当然与之一并发生转让。反之,如果将债权债务排除在营业资产的构成要素之外,就会得出相反的结论——与营业转让中债权债务关系是否发生转让密切相关的一个问题是受让人的债务承担。受让人的债务承担规则应当区分债务加入与债务转移,同时债务加入与债务转移的规则适用又具有不同的情形。此外,受让人对商号的继续使用与债务的承担规则具有一定的联系。根据风险控制理论,受让人可以通过缔结合同条款的磋商,将未来可能承担的清偿责任转嫁到合同的对价中,具有较强的风险控制能力。因此,要求继续使用商号的受让人对原营业之债务承担清偿责任的规则具有相当的合理性。但与此同时,此处的责任并非绝对责任(有例外情形),且受诉讼时效限制。

---

[1] 参见攀枝花中级人民法院二审(2015)攀民终字第837号民事判决书;最高人民法院再审(2015)民申字第681号民事裁定书。
[2] 平顶山市中级人民法院二审(2009)平民三终字第344号民事判决书。

第六章　营业转让中的债权债务关系及责任承担

　　债权人的利益保护机制研究是相对于受让人债务承担问题的另一面。在营业转让中，对债权人利益进行特殊保护是具有法律基础的。关于具体的债权人保护的制度与措施大致包括：契约条款的防范与保护、债权人的知悉权、债权人的撤销权以及连带责任制度。

　　劳动合同关系作为一种特殊的债权债务关系，在营业转让的场合中，也会随营业的转让产生变化。结合部分国家和地区的规定，笔者认为，在营业转让中对劳动关系的承继问题的把握上，应当总体上坚持受让方企业全面接收的原则，保留解除劳动合同补偿劳动者的例外情形。

第七章 营业转让中的竞业禁止

有观点认为,现代法律中的竞业禁止制度是从民事代理制度中演变而来的。[①] 一般而言,竞业禁止义务是指,[②] 义务人承担的除合同主给付义务之外的不得在相同地域、相同时间从事同一行业的经营活动的义务。其表现在营业转让中,则具体是指营业之出让人不得在相同地域、同一时间开展与出让营业相同的经营活动。[③] 竞业禁止义务及其制度构建是营业转让中的重要组成部分。

第一节 竞业禁止的域外法考察

关于竞业禁止义务,《德国商法典》并没有以规范形式加以确认,而是通过习惯法、商业惯例等形式加以调整。与此相对应,日本和韩国商法典对竞业禁止义务则作出了明确的规定。例如,《日本商法典》第 25 条规定,营业之转让人在不少于 20 年的期限内,禁止在同一或相邻镇村内从事同一行业的经营活动,当事人之间有特约的从其约定,但原则上地域范围不能超过相邻府县、时间范围不得超过 30 年。[④] 除此之外,《韩国商法典》第 41 条之规定与此类似。[⑤]

[①] 有德国判例认为,商业领域中代理人在代理期间不得接受委托人的竞争对手的委托从事经营活动。参见罗伯特·霍恩、海因·科茨、汉斯·G·莱赛著:《德国民商法导论》,楚建译,中国大百科全书出版社 1996 年版,第 152 页。

[②] 参见我国《公司法》第 149 条、《合伙企业法》第 32 条、《个人独资企业法》第 20 条、劳动合同法第 23 条、24 条的规定。

[③] 从我国的立法实践来看,既存的竞业禁止制度只包含两种情形:即委任关系的竞业禁止和雇佣关系的竞业禁止。前者主要是指公司董、监、高的竞业禁止义务,后者则主要是指劳动者。二者具有共同的历史渊源,并且制度的价值与商业秘密不可分离。关于营业转让的竞业禁止我国尚无具体立法。参见王林清:"公司法与劳动法语境下的竞业禁止之比较",载《政法论坛》2013 年第 1 期,第 95 页。

[④] 王书江、殷建平译:《日本商法典》,中国法制出版社 2000 年版,第 6 页。

[⑤]《韩国商法典》第 41 条规定,在营业转让中,若无特殊约定,10 年内出让人不得在同

第七章　营业转让中的竞业禁止

与日韩的概括性规范模式不同,《澳门商法典》则对竞业禁止义务进行了罗列式的规定。例如,《澳门商法典》第 108 条第 1 款至第 4 款规定了营业转让中竞业禁止义务主体及其例外情形,其中,义务主体主要包括：商业企业转让人、与转让人有关且能影响被转移营业顾客之人以及主要股东。[①]澳门商法典关于营业转让竞业禁止义务的重点规制还体现在另一方面,即义务人违反竞业禁止义务的责任与受让人所享有的权利救济。其中,《澳门商法典》第 109 条第 1 款规定,如前述义务人违反竞业禁止义务,债权人除了要求赔偿因竞业产生的损失外,还可以要求义务人立即终止相关营业行为并没收违法所得。此时,需要特别指出的是,如果存在义务人违反竞业禁止义务而新创设企业的情形,权利人仍有权要求立即终止该企业的存在。此外,《澳门商法典》也并不保护怠于行使权利的权利人,在 109 条第 2 款的规定中,确认了竞业禁止的权利人同样受诉讼时效的限制,期限为知悉或可知悉有关情况之日起的 3 个月。[②]

其他国家和地区的商法中也或多或少地涉及营业转让中的竞业禁止义务。例如,法国商法典中所规定的"自己行为的担保责任制度",[③]该制度的具体内容是指商事营业资产的出卖人,不得在投资设立与转让营业相同或相类似的营业或企业,并且禁止从上述营业活动中获利,无论直接参与或间接投资。再如,法国合伙企业法将合伙人与雇员同时列为竞业禁止的义务主体,原因在于雇员可以因其掌握的商业秘密间接地重新开业。[④]

一特别市、广域市、市、郡进行同种营业活动；若出让人约定不进行同种营业,该约定只在同一特别市、广域市、市、郡及相邻得到特别市广域市、市、郡 20 年期限内有效。参见吴日焕译：《韩国商法》,中国政法大学出版社 1999 年版,第 30 页。

① 参见《澳门商法典》第 108 条之规定,（一）自转让之日起五年内,商业企业转让人不得自行、透过第三热嗯或为第三人经营另一能因所营事业、地点或其他情况而使被转移企业之顾客转移之企业。（二）由于与转让人之个人关系能使被转移企业之顾客转移之人,亦需遵守同样义务。（三）如主要股东转移其出资,须遵守第 1 款所规定之义务。（四）如转让人于转让前自行、透过第三人或为第三人经营商业企业,则不适用第 1 款之规定。

② 参见中国政法大学澳门研究中心、澳门政府法律翻译办公室编：《澳门商法典》,中国政法大学出版社 1999 年版,第 30 页。

③ 所谓"自己行为的担保责任制度"在法国被称为"La garantie du fait petsonnel du vendeur",实际上就是我们所说的竞业禁止。参见张民安：《商法总则制度研究》,法律出版社 2007 年版,第 363 页。

④ 伊夫·居荣：《法国商法》,罗结珍译,法律出版社 2004 年版,第 763 页。

第二节　竞业禁止义务的主要特征

从上述国家和地区的立法规范来看,竞业禁止义务并非营业转让的独有制度,它还广泛地存在于其他领域。由此,结合营业转让的特殊属性,笔者总结得出在营业转让中,竞业禁止制度的凸显特征,具体表现如下。

一、义务形式的双重性

关于竞业禁止义务的双重性,主要针对义务之确立而言。在营业转让中竞业禁止义务的确立主要有两种形式:即法定形式和约定形式。所谓法定的竞业禁止义务是指,依据法律的明确规定,转让人在一定的时间期限内,不得在相同的地域从事相同或者相似的营业,其中地域范围和时间长短则由立法者根据本国的实际国情而定。与之相对应,所谓约定的竞业禁止义务是指,营业转让双方当事人在缔约阶段就转让人负担竞业禁止的时间和地域达成一致并由合同加以确立的行为,它体现了竞业禁止义务具有意定性的一面,其法理基础在于契约自由。[1]

通俗地讲,竞业禁止义务的双重性,体现了竞业禁止义务之获取的两种不同获取方式,一种是体现国家意志的法定形式,而另一种则是展现双方一致意思表示的合约形式。除此之外,通过不同形式确立的竞业禁止义务,也会面临不同的法律后果,前者由法律明确规定,后者则可由当事人自由约定。这也构成了二者的主要区别之一。

二、时间上的限定性

在衡量竞业禁止义务的指标体系时,时间是一个重要的参考因素。从前一个特征可知,竞业禁止的时间要素可由法律直接规定,也可由当事人自由确定。时间要素的效力主要体现在,义务人在法定或者约定的时间期限内,不得从事与转让之营业相同或相似的经营活动。值得特别强调的是,时间要素既可以通过当事人协商确定,但同时也要受到法律规定的限制。具体而言,约定的时间期限过长,对转让人的利益是显失公平的,如果转让人因营业转让而永久丧失了从事相关营

---

[1] 王林清:《劳动争议热点问题司法实务指引》,人民法院出版社2010年版,第259页。

业的资格，这无疑与营业转让的制度价值相违背。

因而，在最大限度地保障营业之受让人通过合理的方式继续营业之目的的基础之上，保留转让人在特定条件下继续从事相关营业的可能性，是营业转让这一制度对于繁荣市场经济的重要价值体现。

三、地域上的有限性

与时间上的限定性相似，营业转让中的竞业禁止义务同样具有地域上的有限性。如前所述，竞业禁止义务的义务承担者并非在一切地域都被禁止从事相关营业。在理论上，义务人在所在地域从事相关的经营活动只要不对受让人的营业产生客观上的实际影响，这个地域范围就是合理的，即使竞业禁止义务的承担者从事的相关营业范围与转让之营业相同或者相似。但由于是否受到实际影响这个标准过于主观，法律在判断地域的有限性时多借助地、市、县、乡等行政区划进行判断与衡量。

四、违反义务时责任的竞合性

（一）竞业禁止义务的性质

讨论违反竞业禁止义务的责任，首当其冲的难题是：竞业禁止义务的性质是什么。

根据合同法中主、从给付义务相关理论，主给付义务也就是拉伦茨先生笔下的首要给付义务，是合同关系所固有且必须具备的决定合同基本类型的根本要素，[①]体现在营业转让合同中，则表现为：营业之转让人将营业交付给受让人，并由受让人支付价金的行为。至少在这一点上是没有争议的，但对于竞业禁止义务的性质，学者观点则不尽相同。其中，支持学者较多的一派观点是，竞业禁止义务是附随义务，[②]竞业禁止符合全部不作为附随义务的内在特征。反对观点则认为，竞业禁止义务不宜简单的归为附随义务，在学理上将竞业禁止义务划分为从给付义

[①] 参见侯国跃："契约附随义务研究"，西南政法大学2006年民商法博士学位论文。
[②] 王泽鉴先生认为，不作为的附随义务包括受雇人的保密义务、不为竞业义务等等。这一观点也为众多德国学者和台湾省学者所认同。参见王泽鉴：《民法学说与判例研究》（第4册），中国政法大学出版社1998年版，第98页。

务或广义的附随义务更为妥当。[①]事实上，二者的观点并不完全矛盾，附随义务有狭义和广义之分，广义的附随义务包括从给付义务，狭义的附随义务则不包括。

笔者认为，区分狭义附随义务与从给付义务至少有两个标准可以参考。其一，义务之目的。我国台湾著名学者姚志明先生曾表示，"区分附随义务与从给付义务的最清晰的界分在于义务之目的。"[②]具体而言，从给付义务的根本目的在于促成主给付义务的圆满实现，而狭义的附随义务的主要目的则在于实现合同利益的最大化，二者虽具有一定的相似之处，但也存在显著的区别。营业转让中的竞业禁止义务无论是否作为合同条款的一部分，它的设定及实现与营业转让的主给付义务密切相关，转让人如果违反此项义务继续在同一区域内从事相同或相关的营业，将导致受让人的合同目的落空。因此，从义务的主要目的上来看，将营业转让的竞业禁止义务归入从给付义务的范畴似乎更具妥当性。其二，二者的可诉性结果也截然不同。在合同法基本理论中，狭义的附随义务与从给付义务的另一个重要区别在于是否可以单独提出诉讼请求。一般而言，在违反狭义的附随义务的场合，相对方不能请求法院判决对方履行；而在违反合同的从给付义务中，相对方可以要求法院对相应的行为进行判决。从这个意义上出发，营业转让中竞业禁止义务的违反显然可以受到法院的保护，因此，可以得出与第一个标准相同的结论，即营业转让中的竞业禁止义务属于从给付义务。

但值得反思的是，也有学者指出"附随义务也可以单独诉请履行"。[③]诚然，随着社会变迁的加快，依据一成不变的标准得出的结论的可靠性也在逐渐降低。狭义的附随义务与从给付义务的类别区分有可能随着社会的发展而逐渐模糊，因此，我们在对其进行判断与把握时，应更具开放性与灵活性。

（二）侵权责任与违约责任的竞合

如前所述，营业转让中的竞业禁止义务具有义务形式上的双重性，既可以来自于法律的直接规定，也可以通过当事人进行约定。有学者认为，契约的效力从形式上来看产生于当事人的意思一致，但在本质上则表现为"不违反法律的精神、

[①] 郭娅丽：《营业转让的规则分析》，法律出版社2011年版，第115页。
[②] 姚志明：《诚信原则与附随义务之研究》，元照出版社2003年版，第179页。
[③] 王泽鉴：《民法学说与判例研究》（第4册），中国政法大学出版社1998年版，第100页。史尚宽：《债法总论》，台北三民出版社1978年版，第329页。

原则以及以此为基础构建的强制性规范"。[1]因此，违反约定的竞业禁止义务构成违约，义务人承担违约责任；违约法定的竞业禁止义务则构成侵权，义务人则承担侵权责任；在既存在约定有存在法律规定的情形下，则有可能构成违约责任与侵权责任的竞合。

违约责任的构成勿须多言，本文主要阐述侵权责任的构成。毋庸置疑，违反营业转让中竞业禁止义务若成立侵权行为承担责任，必然也绕不开过错、违法性、损害结果以及因果关系四个构成要件。其一，义务人具有主观上的过错。在这一点的判断上基本是明确的，因为义务人明知法律规定（我国目前虽没有明确法律规定，但参照其他国家和地区的法律规定来看）完成营业转让后在一定的时间、一定的地域禁止从事相同或相关的营业，仍然违反此项义务，可以直接推定行为人具有主观上的过错。其二，在营业转让中，违反竞业禁止义务的义务人显然具有行为上的违法性。除了法律明确规定义务人不得从事相关营业外，根据诚实信用原则，义务人从事相应的违反竞业禁止的行为也必将损害营业之受让人的正当权利。其三，竞业禁止义务之相对人客观上具有损失。一旦义务人违反竞业禁止义务，其势必影响受让人的正常经营活动，这种损失虽然不会产生固有财产上的损失，但会严重影响受让人通过经营活动所产生的利润。其四，实际损失与义务人的行为具有因果关系。在判断损害结果与侵权行为具有因果关系的过程中，特别值得关注的是应当将竞业禁止限定在一个合理的范围之内，[2]这个合理的范围包括：地域、时间、经营范围等因素。笔者认为，在现代互联网与电子商务广泛普及之下，可以重新定义地域因素。尽管有美国部分地区的判例认为，如果在合同中约定在全国范围内履行竞业禁止义务，这样的条款本身就不具有合理性。[3]但是，法国法院关于劳动者承担竞业禁止的判例则认为，不存在明显的区域限制。[4]笔者较为倾向于法国的判例观点，结合现代互联网的发展趋势，笔者建议对于地域因素的把握可以进行一个折中的尝试：即在约定的竞业禁止中不对地域因素作出特别限制，而在法定的竞业禁止中宜确定一个明确的范围。

---

[1] 参见侯国跃："契约附随义务研究"，西南政法大学2006年民商法博士学位论文。
[2] 郭娅丽：《营业转让的规则分析》，法律出版社2011年版，第117页。
[3] 杨立新、蔡颖雯："论违反竞业禁止侵权行为"，载《法律适用》2004年第11期，第10-11页。
[4] 杨立新、蔡颖雯："论违反竞业禁止侵权行为"，载《法律适用》2004年第11期，第10-11页。

第三节 博弈与平衡：竞业禁止背后的法益分析

任何法律制度的存在都是利益博弈的结果，其存在的意义恰好体现在对利益冲突的调和以及对相关法益的倾斜性保护，竞业禁止制度也概莫能外。

一、竞业禁止所关涉的法益：平等就业权与商业秘密权

（一）平等就业权

尽管，竞业禁止义务在形式上构成对义务人的某种限制，但是，保障义务人平等的就业权及从业权仍然是竞业禁止制度的首要目标。在本质上，平等的就业权与从业权都属于宪法所确认的基本权利范畴（生存权），劳动者以及创业者为了实现自身生存、成长、发展的目标，有权通过自身的劳动和创造来获取相应的生活保障。质言之，竞业禁止义务虽然构成一种对义务人的就业限制，但这种限制本身应当具有合理性及合法性，不能超出合理的限度不当的限制义务人的就业权，从而影响其生存及后续发展。

关于平等就业权的界定，仍然是一个较为模糊的问题。其中，相对而言，郝红梅博士的研究较为全面。[①]在其研究基础之上，笔者对平等就业权的概念进行三个层次的阐述：第一，针对的主体是具有劳动能力并愿意通过劳动换取报酬的人；第二，平等的就业权是一项基础性的权利，是贯穿于整个就业过程中支撑其他子权利的一项原则性权利；第三，是社会平等在就业方面的客观表现，是营造平等竞争秩序的基本要求。生存与发展是平等就业权的直接目标，从这个意义上讲，平等就业权还兼具工具性价值，其主要体现在：其一，在微观层面，平等就业权是权利人获得基本生活资料及满足精神追求的基本方式；其二，在宏观层面，平等就业权的实现与否直接涉及民生及社会稳定，是国家维护社会公共秩序及发展生产的主要手段。

[①] 郝红梅："平等就业权研究"，2009年山东大学博士学位论文，第23页。

（二）商业秘密权

与平等就业权互为限制的另一个概念即商业秘密权。商业秘密权与商业秘密是一对不同维度、相互对应的概念，对现实领域的商业秘密进行法律评价，即是商业秘密权。尽管，世界各国对商业秘密的界定存在细微的差别，但基本的认知还是具有高度的一致性。为了统一全球的认知标准，世界贸易组织对商业秘密的界定做了最低限度的审查规定，即"尚未披露信息的保护"（protection of undisclosed information）。[①]

从商业秘密的构成要素来看，世界各国以及 TRIPS 协议都普遍认同三要素说，即秘密性、价值性和保密性。不过，我国有部分学者提出将"秘密性"取消，取而代之的是"新颖性"。[②]这一主张不无道理，从理论上讲，具有秘密性的事物可能具有新颖性，不具有秘密性的事物则一定不具有新颖性。与此同时，美国联邦法院的判决也认为，商业秘密的新颖性不必像专利中的新颖性那样严格，只要满足其并非众人皆知即可。

二、法益的冲突表现

不同的法律制度背后隐藏了不同的法益冲突，这是由法律调整社会生活的本质关系所决定的。有观点认为，法益冲突的根本原因在于法益主体基于法益差别和矛盾而形成的关于法益的纠纷与争夺。[③]营业转让中，竞业禁止作为一项基本的法律制度，其存在的主要目标就是对其背后的法益冲突进行一定的调整与平衡，其主要表现为平等就业权与商业秘密权之间的博弈。

从主体权利出发，平等就业权和商业秘密权是不同法律主体享有的、具有同等法律地位的权利，二者是一对与生俱来的具有矛盾属性的冲突概念。进而言之，从二者对应的权利内容出发，商业秘密权限制义务人在就业、择业过程中对某一

---

① 翟业虎："竞业禁止的法益冲突及其衡平原则研究"，载《河南大学学报（哲学社会科学版）》，2013年第5期，第86页。

② 翟业虎："竞业禁止的法益冲突及其衡平原则研究"，载《河南大学学报（哲学社会科学版）》，2013年第5期，第87页。

③ 黄松有主编：《最高人民法院关于人身损害司法解释的理解与适用》，人民出版社2004年版，第194-199页。

特殊职业或具有特殊工作内容的职业进行选择,这无疑是对公民就业权的制约。相反,公民若在掌握一定商业秘密的前提下,任意就业、择业将会对商业秘密的保护造成巨大的威胁。因此,若不加任何制度限制与调整,二者将呈现出此消彼长的矛盾状态。

三、竞业禁止所涉法益的衡平

人类赖以群居在社会中,在林林总总的社会关系中,利益成为最为核心的关系纽带,而追逐利益则成为人类最为基础的行为特征与行为规律。[①]在以权利为本位的社会之中,毫无疑问,法律是最佳的利益协调工具。但法律所确认的权利未必都能处之泰然、相安无事,当权利与权利之间产生利益冲突的时候,法律就应当对相应的权利作出限制,以协调不同权利之间的矛盾,否则就会陷于顾此失彼的风险之中。当然,法律在协调利益冲突过程中,对相关权利进行的限制,应当进行充分合理的解释,否则将会引起更大的利益冲突与社会恐慌,这也是法益衡平中最难把握的关键步骤。竞业禁止的法益冲突主要体现为平等就业权与商业秘密权的相互博弈,在衡平这对利益冲突的过程中,应当重点从以下几个原则出发进行考量:其一,基本人权优位原则。这一原则主要在于强调平等就业权关涉相关义务主体的基本人权。其二,利益衡平原则。利益衡平原则主要依据利益所指向的成本收益与利益大小决定利益的取舍与具体保护方式,在取大舍小的过程中要尽量减少对被舍去利益的伤害。其三,合理限制原则。劳动者的平等就业权并非绝对自由的权利,其实现程序依然受到法律的限制,例如不能选择法律明确禁止的行业(如贩毒、倒卖军火等)。值得一提的是,对于平等就业权的限制不仅包括从业方向的内容,还涉及时间内容的限制,限制时间越长则受限程度越大。

---

① 马克思、恩格斯:《马克思恩格斯选集》(第1卷),人民出版社1956年版,第82页。

第四节 违反竞业禁止的责任承担

如前所述,违反营业转让中的竞业禁止义务,既有可能是违反的约定的竞业禁止义务,也有可能是违反的法定的竞业禁止义务,甚至在同一个行为中二者皆有。因此,权利人选择通过何种方式进行救济,则应在个案中具体衡量哪种救济方式对权利人更为有利。

一、违约情形中的责任承担

在规范层面,我国合同法第107条规定,当事人一方不履行合同义务或者履行义务不符合约定的,应当承担继续履行、采取补救措施或者赔偿损失等违约责任;第111条规定,受损害方可以要求对方承担修理、更换、重作、退货、减少价款或者报酬等违约责任;第112条规定,对采取补救措施后,对方还有其他损失的,应当赔偿损失。因此,可以看出,我国合同法层面确定的违约责任承担方式主要有三类:即继续履行、采取补救措施[①]以及赔偿损失。结合营业转让中约定竞业禁止义务的情形,我们可以对上述三种责任承担方式做如下分析:其一,对于继续履行的责任承担方式,在营业转让的竞业禁止义务中,可适用性较低。原因在于,违反竞业禁止义务的情形中,义务人大多已经完成对合同主给付义务的履行,继续履行已无实质意义。其二,关于采取补救措施,其中包括双方在合同中约定的违约金的承担,与此同时,其他可适用的补救措施方式大致与承担侵权责任的方式相同,后文中将会详细论述。其三,关于赔偿损失,具体是指违约一方对合同相对方通过违约行为遭受的损失进行的赔偿,这里最为值得关注的是赔偿损失的范围。[②]一般而言,赔偿损失的范围包括现有财产的损失和可得利益的损失,有学者认为,[③]营业转让中竞业禁止义务的违反既涉及现有财产的损失,也涉

[①] 本文中将合同法第111条规定的"修理、更换、重作、退货、减少价款或者报酬"等方式统一归入采取补救措施的范畴,以便后文论述。

[②] 王林清.公司法与劳动法语境下的竞业禁止之比较[J].政法论坛,2013(1):97.

[③] 郭娅丽认为,违反竞业禁止义务既可能使现有财产不能发挥作用而产生损失,也可能使当事人通过受让营业而获取的利益大大减少。参见郭娅丽:《营业转让法律制度研究》,法律出版社2011年版,第118页。

及可得利益的损失。其实，这种观点存在进一步商榷的余地。笔者认为，在违反竞业禁止义务的情形中，赔偿的损失范围只包括预期利益，几乎不可能涉及固有财产的损失。即使在上述学者列举的固有损失——"因固有财产无法利用而遭受的损失"，也应当将其划分在预期利益损失的范畴中。值得关注的是，可获得赔偿的预期利益的范围应当以合同一方当事人在订立合同时可以预见或应当预见的范围为限，这一规则也获得相应法规范的确认。①

除此之外，为了进一步保护守约方的合法权利，还应当赋予守约方法定的合同解除权。在营业转让合同中，竞业禁止义务虽仅为合同的附随义务，但其义务的履行及违反与相对方达成合同的主要目的密切关联。质言之，对竞业禁止义务的违反，虽不构成对合同主给付义务的违反，但会从根本上影响合同目的不能实现，在客观结果上，其严重程度几乎与违反合同根本义务不相上下。因此，为了保护守约方的合同权利，进一步平衡双方的利益关系，在合同的救济方式中增加守约方相应的法定解除权也不失为一种良好的制度设计。

二、侵权情形中的责任承担

在构成竞业禁止的侵权行为中，我国《侵权责任法》第15条确定了停止侵害、排除妨碍、消除危险、返还财产、恢复原状、赔偿损失、赔礼道歉、消除影响及恢复名誉等8种具体责任承担方式，既可以单独适用，也可以同时适用。但是，在营业转让的竞业禁止侵权情形中，并非所有的责任承担方式都能派上用场，例如赔礼道歉、消除影响以及恢复名誉等。以下就营业转让中的可适用责任方式进行详述。

其一，停止侵害，又被称为关闭请求权②。实际上，关闭请求权仅仅是停止侵害中的一种具体方式。停止侵害意味着侵权人正在实施的侵权行为已经对被侵权人造成实际损失，并由被侵权人发出终止侵权行为的请求。这在营业转让中竞业

---

① 《合同法》第113条规定的"可预见性规则"，当事人一方不履行合同义务或者履行合同义务不符合约定，给对方造成损失的，损失赔偿额应当相当于因违约所造成的损失，包括合同履行后可以获得的利益，但不得超过违反合同一方订立合同时预见到或者应当预见到的因违反合同可能造成的损失。

② 《澳门商法典》第109条规定，如转让人违反不竞业义务，受让人有权要求立即终止损害其权利之情况并可请求赔偿，若转让人违反不设立新商业企业之义务，受让人在法律允许的范围内在知悉情况的三个月内向法院提出关闭该企业的请求，这一权利又被学者称为"关闭请求权"。

禁止的侵权行为中，表现为以下几个特点：（1）被侵权人已完全受让营业，这也意味着营业转让合同的主给付义务完成；（2）侵权人已违反竞业禁止义务；（3）侵权行为对被侵权人已造成实际损失。在此，值得特殊关注的是，停止侵害的责任承担方式能否在诉前通过法院的职权加以实施。[①]在客观效果上，这与知识产权领域的诉前禁令和程序法中的先予执行相似，可借鉴二者的理论上的共同点，完善诉前的停止侵害救济方式。概括而言，在法律关系清晰简单、事实认定明确以及当事人提供担保的前提下，通过司法的途径完成对停止侵害的执行，不失为一种对被侵权人利益进行及时保护的良好制度。

其二，赔偿损失。法理上，被侵权人由侵权行为产生的实际损失，是成立侵权行为的构成要件，那么，损失赔偿的范围应当与产生的实际损失相对应，这也是侵权法上填平原则的具体体现。具体而言，在营业转让的竞业侵权行为中，产生的损失并非固有财产的损失，而是一种对经营行为获取利益的可能性的剥夺。因此，在实践中确定这种具有可能性的预期利益并不那么简单。笔者认为，这种经营损失范围的确定应当分为两种不同的情况：侵权行为出现在受让人受让营业的一定期限内与侵权行为出现在受让人受让营业的一定期限后。前者的经营损失范围的确定可通过转让前月平均营业额与实际营业额的差额估算，后者的经营损失范围则可通过一定期限内的月平均营业额与实际营业额的差额估算。至于这个期限的具体数值仍有待进一步论证与探讨，本文先暂且预估为3个月。

其三，违法收入的归入。学界的主流观点认为，归入权的行使一般需要满足：特定行为、违法收入、因果关系等三个构成要件。[②]但事实上，归入权的行使还必须符合当事人之间具有一种特殊的关系，这种关系并非身份上的关系，[③]这是一种误读。这种关系的存在是行使归入权的基本性要件，例如可以是用人单位与劳动者之间的关系、也可以是董、监、高与公司之间的信托关系、也可以是营业转让合同双方当事人基于合同建立的关系[④]。本质上，这些特殊的关系之间并非存在某

---

① 翟业虎："竞业禁止的法益冲突及其衡平原则研究"，载《河南大学学报（社会科学版）》第2013年第5期，第88页。
② 任秀芳："论我国公司归入权的适用规则及其完善"，载《政治与法律》2009年第4期，第70-71页。
③ "上述条件和程序均为明确归入权法律关系的主体之间必须存在一种特殊的身份关系。" 参见郭娅丽：《营业转让法律制度研究》，法律出版社2011年版，第120页。
④ 有观点认为，营业转让的双方当事人只存在债权债务关系，而这种关系本质上不属于可以行使归入权的关系范畴。参见郭娅丽：《营业转让法律制度研究》，法律出版社2011年

种可以行使归入权的共性，而是基于这样或那样的关系，并且通过特殊的侵权行为，使可以侵权人的违法所得与被侵权人的实际损失产生某种特殊的关联，而这种特殊的关联性才是可以行使归入权的核心内容。

综上所述，从责任承担与赔偿损失的范围来看，违约路径主要包括约定违约金、法定解除权（建议）以及期待利益的赔偿；而侵权路径则主要包括停止侵害、赔偿损失（预期利益）以及行使归入权（归入违法所得）来实现权利救济。基于上述两种权利的救济途径，承担侵权责任的路径似乎对被侵权人（守约方）更为有利，但这一结论也不宜绝对。

本章小结

营业转让中的竞业禁止义务是指营业之出让人不得在相同地域、同一时间开展与出让营业相同的经营活动的义务。竞业禁止义务及其制度构建是营业转让中的重要组成部分。营业转让中的竞业禁止义务具有形式上的双重性、时间上的限定性以及地域上的有限性等特征，其义务在本质上虽属于从给付义务，但在现代社会影响下，对其性质的把握应更具开放性和灵活性。

营业转让中竞业禁止义务的违反因其形式的双重性，其责任形式兼具违约与侵权的双重属性。从责任承担与赔偿损失的范围来看，违约路径主要包括约定违约金、法定解除权（建议）以及获得期待利益的赔偿；而侵权路径则主要包括停止侵害、赔偿损失（预期利益）以及行使归入权（归入违法所得）来实现权利救济。基于上述两种权利的救济途径，承担侵权责任的路径似乎对被侵权人（守约方）更为有利。

版，第120页。

第八章　营业转让制度的立法构建

尽管我国的市场经济发展是在政府的主导之下进行,但在经济全球化的浪潮中,我国的经济环境也无法独善其身。在参与国际交往与合作中,我方的企业必须遵循市场经济规则、了解国际惯例、世界通例,避免因具体规则上的不同而增加交易成本。与此相对应,法学研究也不能从全球化的浪潮中剥离出来,与其墨守成规、故步自封,不如立足中国市场经济面临的具体问题,借鉴国外制度的有益经验和优秀成分,理性地设计符合我国基本国情的良好规则。具体到本论题,我国作为世界第二大经济体,全球企业并购的浪潮早已将我国裹挟其中,营业转让制度的确立及完善势在必行。

第一节　对我国现行"营业转让法律制度"的梳理与反思

营业转让制度在我国并非一个完全陌生的概念,虽然在形式意义上的营业转让制度尚未成型,但是在商事实践中已经围绕营业转让形成了一些规则,并且这些规则在商事实践中发挥了重要作用,例如在国有企业改制过程中形成的与营业转让有关的规则,等等。尽管如此,既有的这些规则能够在实践中解决一些问题,但依然无法适应企业参与经济全球化的市场需求,这主要表现在以下几个方面。

一、营业转让概念的缺失与混用

关于营业转让的概念,学界似乎存在一种认知的趋势:即营业转让的内涵与外延似乎在脑海中很清晰,但不同的学者表达出来会产生不同的理解,这也是法国学者之所以将营业转让制度描述成"实践中有用、理论上模糊"[1]的原因。受学

---

[1] 克洛德·商波:《商法》,刘庆余译,商务印书馆1998年版,第70页。

理上概念不清的影响，实践中大多数商事主体将企业并购与营业转让混用，形成纠纷产生的根源。有的学者也认为，"公司重大资产出售行为本质上也属于营业转让"，①还有学者列举"联想集团收购 IBM 全球 PC 业务"的案例来证明营业转让人不能成为营业受让人之股东。②对此观点，笔者持保留意见，同时也借用此案例，分析说明营业转让的内涵与外延。

简要案情：1.2004 年 12 月 8 日，联想集团与 IBM 签署收购 IBM 个人电脑事业部的协议，2005 年 1 月 27 日，收购申请正式获批并于同年 5 月 1 日完成收购；2.收购对价：6.5 亿美元、6 亿股票以及 5 亿债权，共计市值 17.5 亿美元；3.收购内容：IBM 全球笔记本及台式机业务；4.股权结构：联想集团控股 45%，IBM 持股 18.5%。5.雇员内容：未避免人才流失，联想集团留任所有雇员并给予不低于 IBM 之前的工资薪酬、福利待遇以及退休计划。③

案情分析：首先，在案情的宏观层面，IBM 公司作为转让人，其转让的资产包括：专利、商标、品牌、技术人员、机器设备以及客户，等等。这些资产通过有机的结合形成财产集合体，其价值大大超过各个组成部分的物理总和，因此，具有营业财产的属性。其次，联想集团与 IBM 签署的转让协议，包含了对技术人员及其他雇员的劳动合同处理问题，而在协议中对劳动关系的处理又再次印证了上述转让协议具有营业转让性质。再次，这也是最具有争议的一点，即转让协议的对价构成。该案例中的支付对价包含现金、股权、债权，而这一对价的组合形式与一般的现金形式相区别。因此，有观点认为，④只有现金才能作为营业转让的唯一支付方式，并且转让完成后双方当事人不应该具有除合同转让关系之外的其他关系，从而否定上述案例的营业转让性质。其实，这种观点是存在认识错误的。笔者认为，一方面，现金交易并非营业转让的唯一支付方式，支付方式的选择体现的是当事人的交易自由。当事人既可以选择现金交易，也可以选择股权、债权以及其他有形或者无形的财产进行交易，只要双方当事人协商一致即可，法律对交易方式的干预实属过度干预。另一方面，合同双方当事人在完成营业转让的合

---

① 陈国齐："营业转让研究"，清华大学 2009 年民商法博士论文摘要部分。
② 郭娅丽：《营业转让法律制度研究》，法律出版社 2011 年版，第 151-153 页。
③ 参见"联想公布与 IBM 交易细节"，http://www.southcn.com/news/china/important/lxibm/200501060775.htm 访问时间 2016 年 12 月 20 日。
④ "现金作为对家是营业转让的重要特点，双方当事人是彼此独立的主体，转让人将营业财产转让于受让人后，转让人和受让人之间不能有任何产权联结关系。"郭娅丽：《营业转让法律制度研究》，法律出版社 2011 年版，第 152 页。

同义务后，不影响双方当事人达成其他的合作关系，只要其他的合作关系不影响营业转让的合同目的即可，例如竞业禁止义务。因此，在本案中转让协议属于营业转让性质是毋庸置疑的。

综上，正是由于立法规范层面对营业转让概念的缺失，才导致包括众多学者在内的误解。

二、过分倚重无效认定规则

在漫长的国有企业改制过程中，部分属于营业转让范畴的转让协议出于对国有资产流失的防范，统一认定为无效，缺乏合理性。表现在以下方面。

（1）2004年2月1日颁布施行的《国有企业产权转让管理暂行办法》第32条规定的"八种情形"[1]无效。

（2）2003年《最高人民法院关于审理与企业改制相关的民事纠纷案件若干问题的规定》第17条、第18条分别规定了"未经审批的转让合同无效"以及"当事人恶意串通损害国家利益的行为无效。"

（3）2009年颁布施行的《中华人民共和国企业国有资产法》第72条规定，在关联交易与国有资产转让的情形中，如果存在当事人恶意串通、损害国家利益的行为，该交易行为无效。

因此，从上述规范层面的不完全列举来看，立法者在涉及国有资产保护的问题上更倾向于借助合同无效的制度来实现结果。这一立法举措本身无可厚非，但有以下几点值得继续思考。其一，无效制度的时效问题。最高人民法院公报案例曾明确表达过，"合同无效系自始无效，单纯的时间经过不能改变无效合同的违法性。当事人请求确认合同无效，不应受诉讼时效期间的限制。"[2]由此，既然确认合同无效之诉不受诉讼时效的限制，那么，在上述无效的情形中，经过的时间越是久远，对利害关系人的交易安全越是难以维系。其二，对于欠缺某些内部决议程序、批准程序或职工安置计划从而导致的无效。梁慧星教授认为，在认定合同无效的场合应该慎重，尤其应严格区分效力性规则与管理性规则。[3]违反内部

---

[1] 参见2004年国务院国有资产监督管理委员会、财政部第3号令发布《企业国有产权转让管理暂行办法》第32条规定。
[2] 参见最高人民法院（2005）民一终字第104号民事判决书。
[3] 参见2015年梁慧星教授"关于合同法适用十四个法律问题的回答"。

决议程序与审批程序应当属于管理性规则，并不当然导致合同无效。除此之外，2016 年 12 月《中华人民共和国民法典总则草案》第 83 条也确认了"与善意相对人形成的民事法律关系不受影响，"①这一观点也被后来通过的《民法总则》第 85 条加以确认。例如，《公司法》第 16 条，"公司为股东或者实际控制人提供担保的，必须经股东会或股东大会决议"的规定，违反此项程序并不必然导致合同无效。再如，在日本商业银行法与招投标法中违反审批程序等管理性规则并不当然导致合同无效。除此之外，还需要重点考察合同的履行状态，如合同已经履行过半，即使这一行为涉及公共利益，也不宜否定合同效力。②除此之外，劳动者的保护问题在营业转让的范畴中也有相应的制度救济，大可不必用合同无效一劳永逸地解决所有问题。

三、集合物与物权变动规则的滞后

物的集合作为营业转让财产的重要特征，给传统物权法的物权变动规则带来不小的挑战，这个挑战在本质上表现为复杂民事客体对传统民事法律关系单一客体的冲击与革新。我国现有的物权变动规则仅针对动产和不动产等有体物而言，除此之外，专利、商标等工业版权可以通过登记对权利进行主张和确认。而营业转让的客体是包含动产、不动产、专利、技术、债权债务关系以及顾客群在内的财产集合体，因此，单纯地依靠动产或不动产的物权变动规则来调整财产集合体的物权变动是存在障碍的。尽管，在我国物权法的立法过程中，有学者提出集合物可被整体利用与担保的观点，③但最终未被立法者所采纳。

除此之外，物权法中的从物理论视野局限于有体物，对经济组织中债权以及具有财产性质的事实关系未加以足够重视。营业转让中其构成要素日渐多元化，形成了一系列以共同目的为使命的财产集合体，对主从物的判断标准仍然沿用物的自然属性而忽视集合物的社会价值与财产属性，不利于构建与完善物权的变动

---

① 参见《中华人民共和国民法典总则草案》（2016 年 12 月 12 日稿）第 83 条规定，营利法人的权力机构，执行机构的会议召集程序，表决方式违反法律、行政法规、法人章程，或者决议内容违反法人章程的，营利法人的出资人可以请求人民法院予以撤销，但营利法人依据该决议与善意相对人形成的民事法律关系不受影响。

② 参见 2015 年梁慧星教授"关于合同法适用十四个法律问题的回答"。

③ 梁慧星："关于中国物权法的起草"中第五部分关于"社科院草案介绍"中第 347-350 条规定"企业财产结合抵押"。访问网址：http://www.iolaw.org.cn/showNews.asp?id=422 访问时间 2016 年 12 月 24 日。

规则。

四、竞业禁止义务过分强调"以人为中心"

目前，我国尚未明确营业转让中的竞业禁止义务，但存在竞业禁止的一般规则。例如，《劳动合同法》（2012修订）第23条规定，劳动者负有保密义务和竞业限制，劳动者违反竞业限制约定，应当向用人单位支付违约金；《最高人民法院关于审理劳动争议案件适用法律若干问题的解释（四）》第6-10条规定了负有竞业禁止义务的劳动者的额外经济补偿规则；以及《公司法》《合伙企业法》《反不正当竞争法》对具有特定身份的自然人承担竞业禁止的规定，此外，还包括已废止的《深圳经济特区商事条例》第31条之规定。上述关于竞业禁止义务的一般性规则具有两个特点：其一，都是针对具有特殊身份的自然人；其二，缺乏相应的法律后果。

前已述及，营业转让中的竞业禁止义务是转让合同的从给付义务，其义务的履行直接关系到合同主要目的的实现与否。就我国目前的关于竞业禁止的一般规则而言，至少存在以下几个方面的漏洞需要填补：1.义务之主体范围需延伸至法人及其他组织。竞业禁止一般规则所确认的义务主体大多为具有特殊身份的自然人，忽视了法人及其他组织作为义务主体的具体情形。随着社会的发展，通过赋予特殊身份自然人以及直接相关责任人的竞业禁止义务模式已经日渐不能满足商事实践的需求，特别是在营业转让中。其具体表现为，营业转让的转让人既可以为自然人，也可以是法人或者其他组织，因此，如果将竞业禁止义务的主体局限在自然人范畴，那么就意味着直接排除了营业转让中一半以上情形的适用。然而，在营业转让中对竞业禁止义务的排除无异招致合同目的无法实现的严重后果。2.缺乏违反义务的法定后果。例如，在《最高人民法院关于审理劳动争议案件适用法律若干问题的解释（四）》第6-10条关于竞业禁止的规定中，只规定了劳动者对负担竞业禁止义务时，应该享有的权利或获得补偿的权利，却未规定违反竞业禁止义务的责任。又如，《劳动合同法》（2012修订）第23条的规定，劳动者承担竞业禁止义务，用人单位可事先与劳动者约定违反竞业禁止义务所应承担的违约金数额。尽管，上述规定赋予了用人单位事先预定承担违约责任的权利，但在实践中仍然缺乏可操作性。原因在于，对于违反竞业禁止义务产生的损失，用人单位无法通过准确预估作出判断，并且约定数额可能与实际损失千差万别，无法达到弥补损失的效果。就《公司法》与《合伙企业法》而言,对特定身份自然人违反竞业禁止义务所应承担的责任也仅仅是做了粗略的规定,即对公司产生的损失承担赔偿责任。而这一规定又因为缺少损失的具体认定标准,而用之甚少。

五、债务承担规则的混乱

关于营业转让中债务的具体承担规则,我国的现有法律并没有作出具体规定,[①]司法实践中也莫衷一是、各执一词。

例如司法实践中,有判例观点认为,原转让人的债权债务关系随营业转让一并转让。在 2015 年攀枝花中院的一起裁判案例中法院认为,"个人独资企业营业转让的,原投资人不能免除责任。上诉人徐立昊作为原投资人,对转让前的债务仍应承担清偿责任。"[②]与此相对应,也有判例观点认为原转让人的债权债务关系不随营业转让而转移。在"上诉人泉州市立新建材实业有限公司与被上诉人平顶山市丰源煤业有限公司、张建成合同纠纷"一案中,[③]张建成将宝丰长江公司的全部财产转让给平顶山丰泰公司所有,本质上属营业转让,但该公司的有限责任公司性质仍然没有变化,营业转让不影响原债务的承担。还有一部分案件的债权债务承担,需要首先界定资产转移行为的性质。例如,在"上诉人镇江市金燕甸上加油站有限责任公司与被上诉人江苏江浦经济贸易有限公司,严红金、王晓燕股权转让纠纷"一案。[④]

[①] 参见《深圳经济特区商事条例》(已废止)第 31 条规定,"营业转让的双方当事人,需要对转让钱营业的债务承担连带清偿责任。"
[②] 攀枝花中级人民法院二审(2015)攀民终字第 837 号民事判决书。
[③] 平顶山市中级人民法院二审(2009)平民三终字第 344 号民事判决书。
[④] 南京市中级人民法院二审(2015)宁商终字第 1412 号民事判决书。

第二节　构建未来营业转让制度的模式选择与制度价值

一、营业转让制度的立法模式选择

（一）两种可供参考的模式

关于营业转让的立法模式，有两种体例可供参考：即法国营业转让制度的单行法体例和德国（还包括日本、韩国以及澳门地区）商法的法典化体例。

对于单行法的立法模式，笔者认为其虽具有法律适用简明、行为指引清晰的优点，但却受到立法资源有限性的制约。21世纪随着中国经济的崛起，对各个法律部门都带来了前所未有的挑战，经济的发展迫使陈旧的法律制度不断地修订与革新。在极其繁重的立法任务及相对紧缺的立法资源下，再单独申请对营业转让进行特别法的立法程序的启动，无异于加剧立法资源紧缺的矛盾。加之，过多单行法的制定与实施会给人以"应付立法、补丁立法"的缺乏法律之庄重性的感觉，同时也会增加法律适用中的困难。因此，笔者不建议在现有的国情下，选择单行法的立法模式。

与单行法相对立的立法模式是法典化模式，质言之，即在法典中写入营业转让制度。法典化模式究竟应该怎样体现营业转让制度，这个问题归根结底回到一个争论已久的话题，即我国究竟应该制定民商合一的民法典，还是兼采民法典与商法典并存的民商分立模式。[①]一个值得思考的问题是，如果按照民商合一的模式进行立法，在法技术的处理上如何处理营业转让制度中集合财产的转移规则，以

[①] 李建伟认为，建构民商法二元结构的统一私法体系，主要存在两种模式：即"民法典+单行商事法"模式与"民法典+商法通则+单行商事法"模式。无论从建构统一私法体系的形式理性立场，还是从商事立法体系化的现实主义立场，"民法典+单行商事法"的模式都难称最优。民法典总则的制定应该果断放弃民商合一的理想化追求，剥离难以承载的提供商法规范的重任，循"民法典+商法通则+单行商事法"模式构建统一私法体系，进而实现商事立法的额体系化，是符合中国民商事立法现实的理性选择。参见李建伟：《民法总则设置商法规范的限度及其理论解释》，载《中国法学》2016年第4期，第73页。还有学者认为，从历史的维度，具有独立性特征的商法体系构建于中世纪后期，其发展特征具有自治法的特征，"私法商法化"后商法在形式上失去了独立性，但是实质上的独立地位依然得到维持。参见夏小雄："商法'独立性'特征之再辨析"——基于历史视角的考察，载《北方法学》2016年第5期，第83页。

及商行为与民事行为①的具体差异性问题,不得不说这些都是具体而又兼具挑战性的工作。另外,在具体制度的规定上,或将营业转让制度有机地拆分进民法典的债编、物权编等编内容,这些都是需要持续研究的问题。但目前至少可以明确的是,当下正在进行的《民法典总则立法草案》(2016)②中并未体现民商合一的影子。

(二)一种新的思路:制定商事通则

为了缓解民商事立法的具体矛盾以及立法资源有限的困境,一些商法学者③提出制定一部类似于《民法通则》的商法通则。早在2004年商法学研究会年会上,就有学者提出制定《商事通则》的可行性与必要性,前后商法学研究会又再度对这一问题进行专门研讨并达成广泛共识。在2016年召开的商法学研究会上梅夏英教授表示,④民商合一在民法典中难以实现的原因表现在三个方面:其一,民法典的自我封闭,不再对商事关系作出回应;其二,民法中权利本位的思维模式导致民法概念非常有限,例如公司法上的许多问题,民法没有话语权;其三,民法典概念体系的基点过于狭窄是民商合一难以实现的根本原因。此外,他还表示,商法的自我扩展仍将独立持续,⑤这也在客观上折射出商法学者希冀《商法通则》尽

---

① 梁上上认为,商行为可分为营业性商行为与个别性商行为。其中营业性商行为、个别性商行为与民事行为不同,例如在民间借贷出台之前,大家都认为法人之间的借贷行为是无效的。但是作为最高法依据之一的《银行业监督管理条例》第19条规定将范围限定在"业务活动"之内,这就是说企业虽然不具有从事营业性借贷的资质,但是个别性的却应该是可行的。此时个别性商行为与民事行为几乎重合、差别细微。参见梁上上:"商事行为与商法思维",2016年中国法学会商法学研究会年会报告。
② 参见《中华人民共和国民法典总则草案》(2016年12月12日稿)。
③ 法学界对"商法通则"的制定问题已经展开讨论,只是其中大部分的研究还只是停留在诸如是否要制定"商法通则"以及"商法通则"的基本框架结构的层面上,而较少涉及商法通则所应规范的基本制度的研究。参见:苗延波:"商法通则的三大基本制度研究",载《河北法学》2009年第5期,第2页。这一观点的代表作还有赵旭东:"制定商法总则的五大理由",载《中国商法年刊(2007)》、王保树:"商事通则:超越民商合一与民商分立",载《法学研究》2005年第1期、范健:"我国商法通则的立法中的几个问题",载《南京大学学报》2009年第1期。
④ 梅夏英:"民法典编纂中民商法关系的基本理论判断",2016年中国法学会商法学研究会年会报告。
⑤ 梅夏英:"民法典编纂中民商法关系的基本理论判断",2016年中国法学会商法学研究会年会报告。

快出台的愿望与理想。

另外，从商法通则的指导思想来看，[①]须达到"通、统、补"的现实要求。[②]所谓"通""统"是要解决商事法律关系的共同性以及统率性问题，本质上就是商法的逻辑化与体系化问题；所谓"补"，则是指商事通则的制定必须回应现有法律制度调整与市场经济发展现实之间的矛盾，弥补法律制度在现代商事实践中的缺漏，例如营业转让制度等。笔者认为，将营业转让制度写入未来的商事通则中是切实可行的，一方面契合民商法在我国法律体系中的发展规律；另一方面将营业转让制度写入商法通则既解决商事实践的迫切需要，又节省了立法资源。

有学者认为，如果一旦《商法通则》规定的内容涉及具体的营业转让制度，则会破坏其内在的逻辑性与体系性。[③]其实，这种担忧是值得商榷的。首先，如果《商法通则》的制定提上议事日程，那么它的主要任务将是为商事法律关系提供一般性规则，以及单行法或特殊制度进行相关的整合和填补。[④]因此，从我国的特殊国情以及实践需求来看，《商法通则》大可不必效仿《德国商法典》那么的逻辑严密，其应有的建构逻辑应为：实践需求——内容——形式。其次，将营业转让的具体制度写入《商法通则》在我国并非首创，在此之前就有成功先例证明立法技术具有前瞻性。这个成功的先例即是我国《民法通则》的出台。在《民法通则》制定前后，学者们也曾对《民法通则》的体例结构、甚至"总则"与"通则"

---

① 有趣的是，无论我国选择民商合一制定民法典总则，还是民法典之外另定商法通则，都将是前无古人的立法体例创新。实质商法的独立性应当满足四个判断：商法是私法特别法，而不是民法特别法；商法民法化与民法商法化现象不意味着商法独立性的消失；私法自治原则的双重背离——管制面与交易面的交织；实质商法是独立的客观事实，而非价值判断。参见李建伟："民法总则设置商法规范的限度及其理论解释"，载《中国法学》2016年第4期，第78-79页。

② 王保树：《商事通则：超越民商合一与民商分立》，载《法学研究》2005年第1期，38页。

③ 滕晓春："营业转让制度研究"，2008年中国政法大学民商法博士论文，第122页。

④ 赵磊认为，商事通则的具体要求并非要达到类似民法典的逻辑化与体系化。纵观各国商法，普遍缺乏形式理性这一特征。一般而言，商行为和商人的概念摆在各国商法典的首位，但是对于何为商人、何为商行为以及如何处理商人与商行为的关系，则尚无统一认识。主要原因是商人、商行为这些概念是在民事主体、民事法律行为等民法概念基础上衍生出来的。赵磊："反思'商事通则'立法——从商法形式理性出发"，载《法律科学》2013年第4期，第161页。

的称谓进行过争论，以魏振瀛教授为代表的一派学者力排众议，[①]开创性地将民法的一般原则与当时社会迫切需要的具体制度相结合，弥补了当时民事法律规范的空缺，被学者称为民事立法的里程碑。

因此，在不久的未来制定一部具有商事一般规则以及具体商事制度的《商法通则》是值得期待的，其中，具体的商事制度应该包含商事实践中迫切需要的营业转让制度。这种思路不仅契合我国民商法的发展规律，而且也是一种较为实际和务实的选择。

二、营业转让的制度价值

（一）保证效率、节约成本、实现营业价值

从营业转让的内容来看，主要表现为：营业之转让人通过受让营业而获取合同对价的权利以及营业之受让人通过支付价金而获取营业之经营价值的权利。在这个过程中，对受让人而言，直接通过受让营业的方式参与经营活动省去了寻找经营场所、购买经营设备以及其他一切前期准备工作，极大地压缩了花费在准备工作中的时间，从而保证营业的效率。此外，通过受让营业而获得顾客群也是转让人此前在长期的经营活动中发展和维系的，因此，这也在一定程度上保证了营业价值的实现。

除此之外，营业转让还是企业缓解经营状况恶化、资金链中断的惯用手段。在商事实践中，企业往往为了改善企业整体的财务状况，通过转让部分营业资产，来达到充实资金链条以及优化企业内部资产结构的目的。将营业作为一个有机的、组织化的财产集合体整体转让，可以最大限度地发挥营业财产之构成元素的市场价值。如前所述，营业的整体价值会因为其构成要素的有机结合产生超价值从而高于各个元素价值的整体相加。因此，一方面，营业的转让可以使困难企业较大程度地回收营运成本，充实资金链条；另一方面，营业转让还能达到优化企业资产结构，发挥营业价值的作用。

[①] 魏振瀛："中国的民事立法与民法法典化"，载《中外法学》1995年版第3期，第1页。

（二）追求利益平衡，保护债权人利益

从信息对称的角度出发，债权人并非营业转让的双方当事人，因此，它在信息的获取上处于相对弱势的地位，构成了营业转让制度价值保护的重要内容。具体而言，结合国外相关制度的规定，在营业转让的缔约阶段，债权人享有知悉权、竞价权以及反对权，这一系列权利的配置主要在于防范当事人恶意串通、转让人随意处置等损害债权人利益的行为的发生。在营业转让的履行阶段，在满足特定条件的情形下，债权人还可以要求营业转让的双方当事人对债务承担连带清偿责任。以上规则的设计与配置，都体现了现代商法制度对利益平衡以及交易安全的追求，同时也体现了利害关系者利益保护理论的兴起对债权人利益保护制度的影响。

（三）私法自治与实现营业自由

追求私法自治与实现营业自由是营业转让制度的核心价值体现。在客观上，私法自治主要体现为：交易主体双方当事人处于平等的地位、交易内容（对象、形式、客体）由双方当事人自由协商确定以及责任的自己承担。营业自由以私法自治的实现为前提，一方面，营业转让在本质上的商行为，是商事主体追求营业利润的基本手段，应当受到法律的保护和肯定；另一方面，营业自由在不涉及国家利益与公共利益的时候，有不受任何组织或个人非法干涉的权利。

第三节 营业转让具体规则的构建

如前所述，营业转让具体制度的构建可以借助《商法通则》的形式加以展现。下面，笔者尝试按照从营业转让合同缔结到合同履行的逻辑脉络，对营业转让具体制度的设计提供的一个初步的方案。

一、营业转让的概念确认

尽管我国是民商合一的国家，但营业转让制度的确认不宜由民法典确认，这

一观点和思路在民法典总则的立法建议稿中也有所体现。[①]营业转让是企业快速扩张、实现经营集中的方式之一，也是企业转产歇业回收成本的重要手段，因此，作为所有营业财产整体出让的行为应当由《商法通则》加以确认。在本书的论述基础上，建议将营业转让的概念界定为：是一种将组织化的有机财产、事实关系整体转让的契约关系。在具体的判断标准上，应当重点从以下几个方面着手：功能上的完整性、整体上的相对独立性、构成要素的波动性以及财产的特殊性。

二、营业转让合同的效力判断规则

营业转让合同的效力判断除了应该满足一般契约的生效要件，还应当重点包括两个方面的内容：一方面，营业转让合同内容必须符合《合同法》第52条[②]、第54条[③]关于"合同无效的规定"与"合同撤销"的规定；另一方面，则涉及一方当事人为法人时，内部决议瑕疵对合同效力的影响。针对公司内部决议瑕疵的情形，我国《公司法》规定了无效和可撤销两种法定后果。[④]其中，股东会或董事会决议内容违反法律或行政法规的，决议自始无效；股东会或董事会决议程序违反法律或行政法规的，抑或决议内容或程序违反公司章程的，股东有权在决议作出60日内起诉撤销。有学者认为，《公司法》第22条的效力判断规则过于僵化，[⑤]一成不变的适用无效或者可撤销的合同效力判断规则可能不利于现代企业的发展与扩张。相比较而言，笔者建议将营业转让合同中，决议瑕疵（包括内容瑕疵和程

---

① 参见《中华人民共和国民法典总则草案》（2016年12月12日稿）。
② 参见《合同法》第52条规定，"有下列情形之一的，合同无效：（一）一方以欺诈、胁迫的手段订立合同，损害国家利益；（二）恶意串通，损害国家、集体或者第三人利益；（三）以合法形式掩盖非法目的；（四）损害社会公共利益；（五）违反法律、行政法规的强制性规定。"
③ 参见《合同法》第54条规定，"下列合同，当事人一方有权请求人民法院或者仲裁机构变更或者撤销：
（一）因重大误解订立的；（二）在订立合同时显失公平的。一方以欺诈、胁迫的手段或者乘人之危使对方在违背真实意思的情况下订立的合同，受损害方有权请求人民法院或者仲裁机构变更或者撤销。当事人请求变更的，人民法院或者仲裁机构不得撤销。"
④ 参见《公司法》第22条规定，"公司股东会或者股东大会、董事会的决议内容违反法律、行政法规的无效。股东会或者股东大会、董事会的会议召集程序、表决方式违反法律、行政法规或者公司章程，或会议内容违反公司章程的，股东可以自决议作出之日起六十日内，请求人民法院撤销。"
⑤ 郭娅丽认为，决议瑕疵对于营业转让合同的效力影响，应当以歇业中公司歇业时间、债务与公司清偿能力……等等因素来综合判断。参见郭娅丽：《营业转让法律制度研究》，法律出版社2011年版，第181页。

序瑕疵）对合同效力的影响统一确认为可撤销。合同效力可撤销，至少存在以下几个方面的优势：其一，关于营业转让的公司决议，一般关涉股东的重大利益，如果存在瑕疵，将会对股东利益造成重大损失，因此，法律应当为股权权利的救济提供有效的途径，这一点与《公司法》第22条的立法精神是高度一致的；其二，合同效力可撤销更有利于维护国家利益与社会公共利益。《公司法》第22条规定，决议内容违反法律或行政法规的强制定规定无效，其中无效原因大部分涉及国家利益与社会公共利益的保护。这条规定的立法出发点本是无可厚非的，但保护的视角正在逐渐改变。在现代社会中，国家利益与社会公共利益的保护并非只能通过合同无效来实现，相反，一味地合同无效可能触及更大的国家利益与社会公共利益。[1]其三，判断决议瑕疵对合同效力的影响，应当在个案中寻找答案。笔者认为，在不考虑司法压力的前提下，让法官在个案中通过利益衡量的方式来判断合同效力是较为合理的路径选择。

值得特别指出的是，上述合同效力判断规则并不影响对善意第三人的保护，即合同相对人善意，合同应当有效。

三、营业转让中财产的转移规则

我国物权法的规定主要针对有体物而言，区分动产和不动产，许多具体条文的规定也都用动产或不动产的概念来代替物的表达，因此，这一特点也本质地决定了我国物权法具有与动产和不动产分类相一致的对物的种类的不完整性把握的缺陷。[2]有学者认为，未来民法典应该完成对集合物的调整与整合，[3]还给客观现

---

[1] 梁慧星教授认为，建设工程合同中应招标投标而未采取的，进入仲裁或诉讼后首先应考虑合同是否已经履行，若尚未履行则可认定其无效，若合同已经履行或履行一半，则不宜认定合同无效，而是采用补充或者行政制裁的方式纠正。参见2015年梁慧星教授"关于合同法适用十四个法律问题的回答"。

[2] 事实上，民法理论中的财产有多种含义。在自然法学派眼中，财产是一种能够让人获得幸福的东西；在法国及德国学者的眼中，财产是一种可被人支配及具有经济价值的权利；美国财产法重述则认为财产是任何利益或利益的集合。早在19世纪，美国法官就倾向于把有价值的利益当作财产保护，非物质化的财产、任何有价值的利益都可能成为财产法保护的对象。参见季境："互联网新型财产利益形态的法律建构——以流量确权规则的提出为视角"，载《法律科学》2016年第3期，第187页；[意]桑德罗·斯契巴尼：《物与物权》〔M〕范怀俊译，中国政法大学出版社1999版，第16页；尹田：《物权法理评析与思考》〔M〕，中国政法大学出版社2007年版，第5-11页。

实中的物以本来面貌。且不论未来民法典如何回应，作为集合物的营业转让之客体，商事实践的发展已表明立法对其进行确认的迫切需要。其中，在王利明教授的《民法典建议稿》第132条就确认了企业作为权利客体的地位，以及企业或独立经营的一部分可以成为买卖、抵押以及租赁的客体。与此同时，在梁慧星教授的建议稿中也提到了企业财产的集合抵押。因此，笔者建议，或在《商法通则》中确认营业的集合物性质。

为了不与既存的动产、不动产物权变动规则发生冲突，进而影响交易安全，营业的集合财产转移规则宜沿用物权法的物权变动规则，即动产交付、不动产变更登记、证券和票据办理过户登记及背书，商号、商标、专利等按照工商管理及知识产权相关管理规定办理权利转移。

四、营业转让中的竞业禁止

营业转让中的竞业禁止义务本质上属于合同的从给付义务，与合同主要目的的实现密切相关。竞业禁止义务包括约定的竞业禁止义务与法定的竞业禁止义务，这里主要探讨法定的竞业禁止义务。在营业转让中，法律应该确认转让人具有竞业禁止义务，其义务的主要参考因素应包括地域、时间、行业等。在违反法定的竞业禁止义务的责任承担中，权利人的救济途径应当包含停止侵害、赔偿损失、行使归入权以及法定的合同解除权等方式维护自身的合法权益。

五、营业转让中的债权人保护机制

关于债权人的保护机制，在营业转让中主要体现为以下两个方面：事前防范机制与事后连带责任机制。

（一）事前防范机制

事前防范机制包括建立商事公告制度，赋予债权人异议权和竞价权，保护债权人的知情权。从信息对称的角度，知情权（知悉权）是债权人进行风险防范的重要制度。与传统民法的债权让与的"通知主义"和债务转移的"同意主义"不

---

③ 程淑娟："民法中的集合物及其现代应用"，载《河北法学》2008年第9期，第36页。

第八章 营业转让制度的立法构建

同,营业转让中的通知公告对债权人而言,并非直接意味着债权实现可能的减损,更重要的是让债权人对营业转让过程起到知情并监督的作用。商事公告是商事登记制度的重要内容之一,在现代社会,信息公示并透过其实现确保交易安全则是商事登记最为根本的目的和最为核心的功能。[①]如果将商事登记制度依据主体功能进行拆分,可以发现申请阶段的主要参与者是商事主体,审查与登记阶段的参与者是行政机关,公告阶段的参与者是行政机关与社会公众。显然,就营业转让制度而言,将公告阶段的主要参与者局限在行政机关与社会公众两者之间,无法实现即时、快速公告债权人的特点,从而与公告制度本身的制度价值相违背。笔者认为,营业转让中的公告制度可参考"受让人申请+行政机关审查、发布"的二元模式,采取二元发布的模式主要具备以下几个方面的优势:其一,借助商事登记平台发布企业的即时经营信息,既具有国家平台的公信力,又能满足商行为的即时快速性;其二,由受让人主导行政机关发布企业的经营信息,符合风险控制理论的基本规则,即由信息控制者承担相应的义务;其三,在一些特殊情形中,例如营业转让的内容包含商号,受让人发布营业转让的公告可以免除连带责任的承担。

除此之外,公告的主要目的并非是让债权人同意,而是告知债权人责任人的财产结构形成可能发生变化。尽管营业转让的受让方当事人未履行公告程序,并不影响营业转让合同的成立与生效,但因其直接涉及债权人的利益,因此,未履行公告程序会对合同的履行产生一定的影响。笔者建议可以引入第三方支付的方式来解决未履行公告程序时对债权人保护的难题。具体而言,第三方支付是指营业转让合同的价金由受让人支付给第三方平台暂时保管,其他合同义务不受影响,直至第三方平台接到债权人的同意付款的通知或者公告期限届满,第三方支付平台方可将款项支付给转让人。由此,既完成了对受让人履行公告义务的监督,也最大限度地实现了债权人的知情权。

同时,事前防范机制还包括受让人履行公告义务后,债权人对营业转让对价的异议权与竞价权。

[①] 冯果、柴瑞娟:"我国商事等级制度的反思与重构",载《甘肃社会科学》2005年第3期,第57页。

（二）连带责任机制

债权人的保护机制除了上述事前防范部分，还包括合同履行完毕后的连带责任机制。连带责任机制的具体适用，主要是在债权人未实现知情权的情形下发挥作用。具体而言，债权人适用连带责任机制的保护应同时满足以下两个方面的条件：其一，营业转让的受让人没有履行公告义务；其二，营业转让的价金支付没有适用第三方支付，并且已经完成支付。只有同时满足上述两个条件，债权人方能请求营业转让双方当事人对其债权的实现承担连带责任。

六、营业转让中债权债务关系的承担

营业转让中债权债务关系是否一并发生转移，我国的现有法律并没有作出具体规定，司法实践中也莫衷一是、各执一词。既有判例观点认为，原转让人的债权债务关系随营业转让一并转让，[1]也有判例观点认为原转让人的债权债务关系不随营业转让而转移。[2]事实上，在研究债权债务是否会随着营业转让而发生转移的问题之前，首先需要明确的问题是转让行为的法律本质是什么。转让人的债权债务关系是否随营业转让而转移，本质上取决于营业资产构成要素的认定。如果将转让人的债权债务认定为营业之构成要素，那么，债权债务就与其他营业资产构成要素一并形成组织化的有机财产整体，当然与之一并发生转让。反之，如果将债权债务排除在营业资产的构成要素之外，就会得出相反的结论。

在判断债权债务关系是否营业财产的构成要素时，主要的标准还是当事人的合同约定。此外，受让人对商号的继续使用与债务的承担规则具有一定的联系，即要求继续使用商号的受让人对原营业之债务承担清偿责任的规则具有相当的合理性。但与此同时，此处的责任也要受诉讼时效限制，即受让人对原营业债务的清偿责任因法定时效的经过而免除。

劳动合同关系作为一种特殊的债权债务关系，在营业转让的场合中，也会随营业的转让产生变化。结合部分国家和地区的规定，笔者认为，在营业转让中劳动关系的承继问题的把握上，应当总体上坚持受让方企业全面接收的原则，保留

---

[1] 参见攀枝花中级人民法院二审（2015）攀民终字第837号民事判决书；最高人民法院再审（2015）民申字第681号民事裁定书。
[2] 平顶山市中级人民法院二审（2009）平民三终字第344号民事判决书。

解除劳动合同补偿劳动者的例外情形。具体而言：包括受让人应当与劳动者达成新的劳动合同、工作年限应连续计算、薪资待遇方面应与之前的待遇水平基本持平，以及维持此前的各项福利与社会保障。

本章小结

对于营业转让制度研究的最终落脚点，应当体现为立法对营业转让的确认以及对营业转让具体制度的构建。我国作为世界第二大经济体，全球企业并购的浪潮早已将我国裹挟其中，营业转让制度的确立及完善势在必行。

营业转让制度在我国并非一个完全陌生的概念，虽然在形式意义上的营业转让制度尚未成型，但是在商事实践中已经围绕营业转让形成了一些规则，但也暴露出以下几个方面的问题：（1）营业转让概念的缺失与混用；（2）过分倚重无效认定规则；（3）集合物与物权变动规则的滞后；（4）竞业禁止义务过分强调"以人为中心"；（5）债务承担规则的混乱等方面。

关于营业转让的立法模式，有两种体例可供参考:即法国营业转让制度的单行法体例和德国（还包括日本、韩国以及澳门地区）商法的法典化体例。对于单行法的立法模式，笔者认为其虽具有法律适用简明、行为指引清晰的优点，但却受到立法资源有限性的制约。与单行法相对立的立法模式是法典化模式，质言之，即在法典中写入营业转让制度。但这在当下正在进行的《民法典总则立法草案》（2016）[①]中并未得到体现。除此之外，笔者尝试提供一种新的思路：即在商事通则的制定中规定营业转让制度。这种思路不仅契合我国民商法的发展规律，而且也是一种较为实际和务实的选择。

对于营业转让制度的宏观把握，重在其制度价值的具体体现。具体包括以下几方面：（1）保证效率、节约成本、实现营业价值；（2）追求利益平衡，保护债权人利益；（3）私法自治与实现营业自由。

关于营业转让的具体制度构建，这既是本章的核心内容，也是全书的核心观点。如前所述，营业转让具体制度的构建可以借助《商法通则》的形式加以展现。对营业转让具体制度的设计方案主要体现在以下六个方面。

---

① 参见《中华人民共和国民法典总则草案》（2016年12月12日稿）。

（一）营业转让的概念确认

尽管我国是民商合一的国家，但营业转让制度的确认不宜由民法典确认，这一观点和思路在民法典总则的立法建议稿中也有所体现。[①]反之，营业转让是企业快速扩张、实现经营集中的方式之一，也是企业转产歇业回收成本的重要手段，因此，作为所有营业财产整体出让的行为应当由《商法总则》加以确认。

（二）营业转让合同的效力判断规则

营业转让合同的效力判断除了应该满足一般契约的生效要件，还应当重点包括两个方面的内容：一方面，营业转让合同内容必须符合《合同法》第52条[②]、第54条[③]关于"合同无效的规定"与"合同撤销"的规定；另一方面，则涉及一方当事人为法人时，内部决议瑕疵对合同效力的影响。相比较而言，笔者建议在营业转让合同中，重新检视《公司法》第22条对瑕疵决议效力判断规则的界定，即公司股东会、董事会决议内容违反法律或者行政法规，也不必然导致合同无效。

（三）营业转让中财产的转移规则

为了不与既存的动产、不动产物权变动规则发生冲突，进而影响交易安全，营业的集合财产转移规则宜沿用物权法的物权变动规则，即动产交付、不动产变更登记、证券和票据办理过户登记及背书，商号、商标、专利等按照工商管理及知识产权相关管理规定办理权利转移。

---

① 参见《中华人民共和国民法典总则草案》（2016年12月12日稿）。
② 参见《合同法》第52条规定，"有下列情形之一的，合同无效：（一）一方以欺诈、胁迫的手段订立合同，损害国家利益；（二）恶意串通，损害国家、集体或者第三人利益；（三）以合法形式掩盖非法目的；（四）损害社会公共利益；（五）违反法律、行政法规的强制性规定。"
③ 参见《合同法》第54条规定，"下列合同，当事人一方有权请求人民法院或者仲裁机构变更或者撤销：
：（一）因重大误解订立的；（二）在订立合同时显失公平的。一方以欺诈、胁迫的手段或者乘人之危使对方在违背真实意思的情况下订立的合同，受损害方有权请求人民法院或者仲裁机构变更或者撤销。当事人请求变更的，人民法院或者仲裁机构不得撤销。"

（四）营业转让中的竞业禁止

竞业禁止义务包括约定的竞业禁止义务与法定的竞业禁止义务。在营业转让中，法律应该确认转让人具有竞业禁止义务，其义务的主要参考因素应包括地域、时间、行业等。在违反法定的竞业禁止义务的责任承担中，权利人的救济途径应当包含停止侵害、赔偿损失、行使归入权以及法定的合同解除权等方式维护自身的合法权益。

（五）营业转让中的债权人保护机制

关于债权人的保护机制，在营业转让中主要体现为以下两个方面：事前防范机制与事后连带责任机制。事前防范机制包括建立商事公告制度，赋予债权人异议权和竞价权，保护债权人的知情权。此外，笔者建议可以引入第三方支付的方式来解决未履行公告程序时对债权人保护的难题。由此，既完成了对受让人履行公告义务的监督，也最大限度地实现了债权人的知情权。同时，事前防范机制还包括受让人履行公告义务后，债权人对营业转让对价的异议权与竞价权。连带责任机制的具体适用，主要是在债权人未实现知情权的情形下发挥作用。具体而言，债权人适用连带责任机制的保护应同时满足以下两个方面的条件：其一，营业转让的受让人没有履行公告义务；其二，营业转让的价金支付没有适用第三方支付，并且已经完成支付。

（六）营业转让中债权债务关系的承担

转让人的债权债务关系是否随营业转让而转移，本质上取决于营业资产构成要素的认定。在判断债权债务关系是否营业财产的构成要素时，主要的标准还是依当事人的合同约定而确定。此外，受让人对商号的继续使用与债务的承担规则也具有一定的联系，并受诉讼时效的限制。

劳动合同关系作为一种特殊的债权债务关系，在营业转让的场合中，也会随营业的转让产生变化。笔者认为关于营业转让中劳动关系承继的问题，应当总体上坚持受让方企业全面接收的原则，保留解除劳动合同补偿劳动者的例外情形。

参考文献

（一）中文编著

[1]赵万一. 商法基本问题研究（第二版）[M]. 北京：法律出版社，2013.

[2]徐强胜. 商法导论[M]. 北京：法律出版社，2013.

[3]梁上上，李国豪. 商号法律制度研究[M]. 北京：法律出版社，2014.

[4]刘继承. 商业地产租赁典型案例研究[M]. 北京：中国法制出版社，2014.

[5]孙巍，张歆伟. 商业物业租赁合同法律实务[M]. 北京：中国法制出版社，2012.

[6]方志平. 民法思维[M]. 北京：中国政法大学出版社，2016.

[7]孙宪忠. 中国物权法总论[M]. 北京：法律出版社，2009.

[8]梁慧星. 民法解释学[M]. 北京：法律出版社，2015.

[9]崔建远. 我国物权立法难点问题研究[M]. 北京：清华大学出版社，2006.

[10]苏永钦. 寻找新民法[M]. 北京：北京大学出版社，2014.

[11]谢怀拭. 外国民商法精要（增补版）[M]. 北京：法律出版社，2006.

[12]江平. 西方国家民商法概要[M]. 北京：法律出版社，1984.

[13]王保树. 中国商事法[M]. 北京：人民法院出版社，2001.

[14]赵旭东. 商法学[M]. 北京：高等教育出版社，2007.

[15]孙文凯. 社会学法学[M]. 北京：法律出版社，2005.

[16]沈宗灵. 比较法研究[M]. 北京：北京大学出版社，2005.

[17]张文显. 二十世纪西方法哲学思潮研究[M]. 北京：法律出版社，1996.

[18]盛洪. 现代制度经济学（上卷）[M]. 北京：北京大学出版社，2003.

[19]顾功耘. 商法教程[M]. 北京：北京大学出版社，2006.

[20]吴建斌. 现代日本商法研究[M]. 北京：人民出版社，2003.

[21]石慧荣. 商事制度研究[M]. 北京：法律出版社，2003.

[22]施天涛. 商法学[M]. 北京：法律出版社，2003.

[23]王保树. 企业法论[M]. 北京：工人出版社，1988.

[24]李新天. 商法总论[M]. 东北财经大学出版社，2007.

[25]赵旭东. 企业与公司法纵论[M]. 北京：法律出版社，2003.

[26]郑立. 企业法通论[M]. 北京：中国人民大学出版社，1993.

[27]马俊驹. 现代企业法律制度研究[M]. 北京：法律出版社，2000.

[28]高富平. 合伙企业法原理与实务[M]. 北京：中国法制出版社，1997.

[29]沈达明. 法国商法引论[M]. 北京：对外经济贸易大学出版社，2001.

[30]任先行. 商法总论[M]. 北京：北京大学出版社、中国林业出版社，2007.

[31]谢振民. 中华民国立法史(下册) [M]. 北京：中国政法大学出版社，2000.

[32]张民安. 商法总则制度研究[M]. 北京：法律出版社，2007.

[33]林咏荣. 商事法新论(上)[M]. 台北：五南图书出版公司，1990.

[34]王志诚. 企业组织再造法制[M]. 元照出版公司，2005.

[35]倪宝森. 铺底权要论[M]. 1942.

[36]徐爱国. 西方法律思想史[M]. 北京：北京大学出版社，2002.

[37]王泽鉴. 民法总则(增订版) [M]. 北京：中国政法大学出版社，2001.

[38]赵旭东. 公司法学(第二版) [M]. 北京：高等教育出版社，2006.

[39]陈华彬. 物权法原理[M]. 北京：国家行政学院出版社，1998.

[40]郑玉波. 民法债编总论[M]. 北京：中国政法大学，2004.

[41]史尚宽. 债法总论[M]. 北京：中国政法大学出版社，2000.

[42]潘维和. 中国民事法史[M]. 台北：汉林出版社，1982.

[43]黄晓林. 商法总论[M]. 济南：齐鲁书社，2004.

[44]王志华. 中国商事习惯与商事立法理由书[M]. 北京:中国政法大学出版

社，2003.

[45]费孝通. 乡土中国[M]. 上海：上海人民出版社，2006.

[46]李永军. 合同法(第二版)[M]. 北京：法律出版社，2005.

[47]何勤华. 华东政法学院学术论文集[M]. 杭州：浙江人民出版社，2006.

[48]王泽鉴. 侵权行为法(第一册)[M]. 北京：中国政法大学出版社，2001.

[49]孔祥俊. 商业秘密保护法原理[M]. 北京：中国法制出版社，1999.

[50]叶林. 商法学原理与案例教程[M]. 北京：中国人民大学出版社，2006.

[51]范健. 商事法律报告(第一卷)[M]. 上海：中信出版社，2004.

[52]吴越. 营业集团法理研究[M]. 北京：法律出版社，2003.

[53]王文宇. 新公司法与营业法[M]. 北京：中国政法大学出版社，2003.

[54]王孝通. 商事法概要[M]. 北京：商务印书馆，2001.

[55]张维迎. 营业理论与中国营业改革[M]. 北京：北京大学出版社，1999.

[56]王泰拴. 欧洲事业法(一)：欧洲公司营业组织法[M]. 台北：五南图书出版公司，1997.

[57]覃有. 商法学[M]. 北京：高等教育出版社，2004.

[58]张民安，龚赛红. 商法总则[M]. 广州：中山大学出版社，2004.

[59]樊涛，王延川. 商法总论[M]. 北京：知识产权出版社，2006.

[60]李黎明，于颖. 商法教程[M]. 北京：首都经济贸易大学出版社，2002.

[61]王利明，崔建远. 合同法新论·总则(修订版)[M]. 北京：中国政法大学出版社，2000.

[62]韦伟，周耀东. 现代营业理论和产业组织理论[M]. 北京：人民出版社，2003.

[63]余永定，张宇燕，郑秉文. 西方经济学[M]. 北京：经济科学出版社，2002.

[64]高在敏，王延川，程淑娟. 商法[M]. 北京：法律出版社，2006.

(二)中文译著

[1][法]伊夫·居荣. 法国商法(第1卷)[M]. 罗结珍，赵海峰译. 北京：法

参考文献

律出版社，2000.

[2][德]C.W.卡纳里斯. 德国商法[M]. 杨继译. 北京： 法律出版社,2006.

[3][德]迪特尔·梅迪库斯. 德国民法总论[M]. 邵建东译. 北京：法律出版社,2001.

[4][德]鲍尔、施蒂尔纳. 德国物权法(上册)[M]. 张双根译. 北京：法律出版社,2004.

[5][美]亨利·汉斯曼. 企业所有权论[M].于静译. 北京：中国政法大学出版社,2001.

[6][德]迪特尔·施瓦布. 民法导论[M]. 郑冲译. 北京：法律出版社,2006.

[7][美]艾伦·沃森. 民法法系的演变及形成[M]. 李静冰,姚新华译. 北京：中国政法大学出版社,1992.

[8][美]波斯纳. 法律的经济分析[M]. 蒋兆康,林毅夫译. 北京：中国大百科全书出版社,1997.

[9][日]龙田节. 商法略说[M]. 谢次昌译. 兰州：甘肃人民出版社,1985.

[10][日]松波仁一郎. 日本商法论[M]. 秦瑞价,等译. 北京：中国政法大学出版社,2005.

[11][美]罗纳德·德沃金. 认真对待权利[M]. 信春鹰,吴玉章译. 北京：中国大百科全书出版社,1998.

[12][德」罗伯特·霍恩，海因·科茨，汉斯·G.莱塞. 德国民商法导论[M]. 楚建译. 北京：中国大百科全书出版社,1996.

[13][英]亚当·斯密. 道德情操论[M]. 蒋自强,钦北愚,朱钟棣,沈凯璋译. 北京：商务印书馆,1992.

[14][美」E.博登海默. 法理学:法律哲学和法律方法[M]. 邓正来译. 北京：中国政法大学出版社,2004.

[15][美]阿道夫·A.伯利,加德纳·C.米恩斯. 现代公司与私有财产[M].甘华鸣,罗锐韧,蔡如海译. 北京：商务印书馆,2005.

[16][美]罗伯特·C.克拉克. 公司法则[M]. 胡平,等译. 北京：工商出版

社, 1999.

[17][英]丹尼斯·吉南. 公司法[M]. 朱弈锟, 等译. 北京: 法律出版社, 2005.

[18][美]托马斯·唐纳森, 托马斯·邓菲. 有约束力的关系—对营业论理学的一种社会契约论的研究[M]. 赵月瑟译. 上海: 上海社会科学院出版社, 2001.

[19][美]哈罗德·德姆塞茨. 所有权、控制与营业[M]. 段毅才, 等译. 北京: 经济科学出版社, 1999.

[20][美]罗伯特·考特, 托马斯·尤伦. 法和经济学[M]. 张军译. 上海: 上海人民出版社, 1994.

[21][美]路易斯·普特曼, 兰德尔·克罗茨纳. 营业的经济性质[M]. 孙经纬译. 上海: 上海财经大学出版社, 2000.

[22][美]道格拉斯·G.拜尔, 罗伯特.H.格特纳, 兰德尔·C.皮克. 法律的博弈分析[M]. 严旭阳译. 北京: 法律出版社, 1999.

（三）中文论文

[1]张学军, 王继军. 不动产、企业集合财产转移占有担保债权研究[J]. 中国法学, 1994(4): 87-94.

[2]赵磊. 反思"商事通则"立法——从商法形式理性出发[J]. 法律科学, 2013(4): 156-164.

[3]王林清. 公司法与劳动法语境下竞业禁止之比较[J]. 政法论坛, 2013(1): 91-98.

[4]汤媛媛. 公司营业转让法律问题研究[J]. 税务与研究, 2015(4): 35-40.

[5]苗延波. "商法通则"三大基本制度研究[J]. 河北法学, 2009(5): 2-12.

[6]季境. 互联网新型财产利益形态的法律建构——以流量确权规则的提出为视角[J]. 法律科学, 2016(3): 182-191.

[7]于飞, 吴腾飞. 基于营业中断保险的供应链中断模型分析[J]. 保险研究, 2016(5): 24-35.

[8]翟业虎．竞业禁止的法益冲突及其衡平原则研究[J]．河南大学学报（社会科学版），2013(5)：84-91.

[9]朱晓峰．论德国法上的营业权规则及其对我国的启示[J]．政治与法律，2016(6)：19-29.

[10]程淑娟．论民法中的集合物及其现代应用[J]．河北法学，2008(9)：34-39.

[11]肖海军．论商主体的营业能力——以投资主体与营业主体的二重结构为视角[J]．法学评论，2011(5)：34-41.

[12]钱宇丹,徐卫东．论我国中小企业的营业权制度[J]．当代法学，2014(4)：70-78.

[13]李建伟．民法总则设置商法规范的限度及其理论解释[J]．中国法学，2016(4)：73-91.

[14]陈醇．权利的结构：以商法为例[J]．法学研究，2010(4)：86-99.

[15]夏小雄．商法"独立性"特征之再辨析[J]．北方法学，2016(5)：83-93.

[16]李凡,陈国齐．营业财产独立性辨析[J]．政治与法律，2008(3)：123-132.

[17]范健．我国《商法通则》立法中的几个问题[J]．南京大学学报（哲学社会科学版），2009(1)：48-53.

[18]林旭霞,蔡健晖．网上商店的物权客体属性及物权规则研究[J]．法律科学，2016(3)：192-200.

[19]王远胜．突破PPP融资瓶颈：项目整体营业证券化试探[J]．证券市场导报，2016(5)：4-9.

[20]陈甦．商法机制中政府与市场的功能定位[J]．中国法学，2014(5)：41-59.

[21]潘昀．作为宪法绚丽的营业自由[J]．浙江社会科学，2016(7)：54-63.

[22]刘为勇．中国近代宪法中营业自由权研究[J]．江西社会科学，2014(10)：186-191.

[23]王长华. 营业转让中的债务承担问题研究[J]. 西部法律评论, 2014(5): 40-46.

[24]马钰凤. 营业转让中的劳动者保护[J]. 河北法学, 2013(1): 80-87.

[25]蒋大兴. 营业转让的规制模型：直接规制与功能等值[J]. 清华法学, 2015(5): 41-62.

[26]俞俊峰. 营业转让标的要义[J]. 甘肃社会科学, 2013(5): 226-231.

[27]金伏海. 续租权与铺底权之比较[J]. 比较法研究, 2006(4): 57-70.

[28]莱振坤. 竞业禁止初探[J]. 法商研究, 1995(5): 40-44.

[29]张完连. 企业转让制度之比较研究[J]. 兰州商学院学报, 2004(6): 77-80.

[30]苏三永. 公司分立制度研究[D]. 北京：中国政法大学博士学位论文, 2005.

[31]白云霞. 控制权转移、资产收购与公司业绩[D]. 厦门：厦门大学博士学位论文, 2004.

[32]王瑞. 公司分立制度研究[J]. 江西社会科学, 2002(9): 141-143.

[33]张丽霞. 论商号和商号权[J]. 法律科学, 1996(4): 57-62.

[34]马跃, 毕芳芳. 营业转让问题研究[J]. 人民司法, 2004(6): 24-28.

[35]杨立新, 蔡颖雯. 论违反竞业禁止的侵权行为[J]. 法律适用, 2004(11): 9-14.

[36]贺卓群. 企业合并概念研究[D]. 北京：中国政法大学硕士学位论文, 2004.

[37]段德奇, 邓自力. 论日本公司合并购买的法律调控[J]. 中外法学, 1995(6): 69-73.

[38]帅天龙. 清末的商事立法[J]. 商法研究, 2000(1): 118.

[39]鄢一美. 析俄联邦新民法典对"企业"范畴的界定[J]. 中外法学, 1998(4): 124-129.

[40]张谷. 商法, 这只寄居蟹[J]. 清华法治论衡, 2005(6): 1-51.

[41]王卫国. 产权的法律分析[J]. 商事法论集，1999(3)：30.

（四）外文论文

[1]Michel de Juglart et Benjamin Ippolito,Cours de droit commerecial,Hultiéme édition,Montchrestien.

[2]Paul Didier,Droit commercial,presses Universitaires De Franee.p.2247.

[3]George ripert et René roblot,Traité de droit commercial.,Seiaième edition, L.G.D.J.p.427.

[4]L.S.sealy,Company Law and Commercial Reality,Sweet&MaxWell,1984.

[5]Larry D.Soderquist,Security Holder's Registration Right under the ProPosed Federal Securities Code:A Current Concern,Norte Dame Law Journal, Vol.55, 1979-1980.

[6]Joel Feinberg,the Nature and Values of Rights,journal of value inquiry,4(1970).

[7]Paul L.Davies,Gower's PrinciPles of Modern ComPany Law(6th edition), London,

Sweet&Maxwell,1997.

[8]DeborahA.DeMott,Fiduciary obligation,Agency and Partnership,West Publishing Co.St.Paul,MInn.1991.

[9]Gerard M.D.Bean,Fiduciary Obligations and Joint Ventures,Clarendon Press.Oxford,1995.

[10]Nicholas Bourne,PrinciPles of ComPany law,London.Sydney,Cavendish Publishing Limited,1998.

[11]Roberta Romano,Foundations of Corporate Law,New York Oxford/Oxford University Press.1993.

[12]Gary Watt,Todd and watt's,Cases and Materials on Equity and Trusts(5 edition),Oxford University Press.2005.

[13]Victor Joffe,David Drake,Minority Shareholders:Law,Practice and Procedure,

Butterworths, London,Edinburgh and Dublin, 2000.

[14]Roman Tomasic,James Jackson,Robin Woellner,Corporation Law:PrinciPles, Policy and Process,Butterworths,1992.

[15]Michael J.Whincop,An Economic and Jurisprudential Genealogy of Corporate

Law,Dartmouth Publishing Company,Ashgate Pubishing Limited,2001.

[16]Frank H.Easterbrook,Daniel R.Fischel,The Economic Structure of Corporate Law,Harvard UniVersity Press,1991.

[17]Janet Dine,The Govenance of Corporate Groups,Cambridge University Press,2000.

[18]A.J.Oakley,Paker and Mellows:The Modern Law of Trusts(7th edition),London,Sweet&Maxwell,1998.

[19][日]服部荣三.《商法大要》，劲草书房1980年版。

[20][日]鸿常夫.《商法总则》（新订第5版),（东京）弘文堂1999年版。

[21][日]森本滋.《商法总则讲义》,（东京）成文堂1999年版。

[22][日]森田三男.《债权法总论》，学阳书房1978年版。

致　谢

　　从 2007 年我怀揣着悸动和憧憬的心情踏上西南政法大学这片干热的土地开始，就注定了我的人生将被这片土地涂满色彩。接踵而至的毕业证是印有汗水和努力的年轮，2011 年本科毕业到 2014 年硕士毕业，再到如今的 2017，十年时间，弹指一挥，成为了永久的记忆。还依稀记得年少时的疯狂理想——成为一名科学家（受电视情节和语文课本的影响），而如今我或即将成为一名不折不扣的法律工作者，不知这是否算作一种对儿时理想的变相成全。

　　2014 年，经过一番早出晚归、与时间赛跑的努力之后，怀着惴惴不安的心情，参加了西南政法大学民商法专业的博士研究生入学考试，幸运的是，我通过了。而更幸运的是，我拜在我国著名的民法学家谭启平教授的门下，此事的兴奋程度难以言表，以至于在这之后的一周时间都魂不守舍，始终思考的一个问题是，如何成为"谭门"一个合格的博士生。谭老师学识渊博，为人宽厚，但比想象中更加严厉。这也促使我在今后的学习生活中，逐渐养成了严谨、求实的习惯。谭老师耳提面命、谆谆教诲，对学生成才之教育用心良苦。谭老师对学生的关心不仅体现在学习中，生活上也是关爱有加，特别是对毕业生，每次见面都会询问工作情况，学生也是感动不已。学生除了在老师那里感受到如春日阳光般的热忱关心外，更多的时候是期望不达后对老师报以的惭愧和遗憾之情。作为学生，不敢妄称谭老师为"益友"，但以谭老师的学识、对学生的付出、对国家的建言，尊称其为我的"良师"再合适不过了。因此，在临别之际，尽管感谢一词在此显得那么的苍白和无力，但还是由衷地向谭老师说一声："您辛苦了，谢谢老师！"

　　我还必须感谢我的第二导师，张建文老师。张老师在身兼学校发规办主任等多重职务期间，对我的学习和生活亦是关爱有加。特别是在博士期间，若提到为数不多的、记忆犹在的集体活动，"毓秀"读书会想必是不可替代的。张老师在每个周末的晚上，坚持带领大家畅读国内外经典图书，从"香港个人信息保护条例"到"欧盟数据保护指令"再到"沉重的肉身"等，对大家的写作思路颇有启发！其中，我的两篇博士学位资格论文选题就来源于此。在此，我想由衷地向张老师表示感谢！

需要感谢的人其实还有很多。首先，我要感谢我的硕士生导师肖顺武老师，以及我的同门李红玲，博士班的同班同学张伟、陈龙吟、王巍等对我博士论文选题提出的宝贵意见。其次，我要感谢我的同门师弟石峰、张晨原、高完成、杨翱宇、张哲、于永强、王进、王竞可等对我论文材料的搜集和补充，以及多少个日夜借酒消愁的陪伴。愿今后的人生路，彼此陪伴，时时珍惜！

最后，我要特别感谢我的家人。我的母亲、父亲从我读书至今，默默支持和养育了我23年，他们的背影随着岁月的流逝而逐渐弯曲，但对我的关爱却从未减少。我想用我的余生陪伴你们走过晚年的每个黄昏，就如同你们陪伴我度过的每个晨曦。我还要感谢的我岳父岳母，是你们的无私奉献和大力支持才成就了我的小家。最后，我要感谢我的妻子。在我一无所有的时候相识，在我一无所有的时候陪伴，在我一无所有的时候托付终身。这一生，有爱，有你们足矣！

廖 磊

于博士论文写就之时

2022年4月3日

攻读学位期间的研究成果

1. 张建文、廖磊："竞价排名服务商审查义务研究"，载《甘肃政法学院学报》（全国法学类中文核心期刊，CSSCI 扩展），2016 年第 5 期。

2. 廖磊："搜索引擎服务商个人信息保护义务研究——以被遗忘权为视角"，载《河南财经政法大学学报》，2017 年第 1 期。

3. 廖磊："基于传媒经济学视角的新媒体平台研究"，载《传媒》（全国法学类中文核心期刊，CSSCI 扩展），2017 年第 12 期。

4. 廖磊："论新生权利的创设——以冷冻胚胎案的监管权和处置权为中心"，载《河北法学》（全国法学类中文核心期刊，CSSCI 扩展）2017 年第 9 期。